现代体能训练
与智能化发展探索

王纯新　张　欢　著

吉林人民出版社

图书在版编目（CIP）数据

现代体能训练与智能化发展探索 / 王纯新 , 张欢著 .
长春 : 吉林人民出版社 , 2024. 7. -- ISBN 978-7-206
-21318-2

Ⅰ. G808.14

中国国家版本馆 CIP 数据核字第 2024X6N107 号

责任编辑：刘　学
封面设计：皓　月

现代体能训练与智能化发展探索
XIANDAI TINENG XUNLIAN YU ZHINENGHUA FAZHAN TANSUO

著　　者：王纯新　张　欢
出版发行：吉林人民出版社 （长春市人民大街 7548 号　邮政编码：130022）
咨询电话：0431-85378007
印　　刷：三河市嵩川印刷有限公司
开　　本：710mm×1000mm　　　　　　1/16
印　　张：12.5　　　　　　　字　　数：200 千字
标准书号：ISBN 978-7-206-21318-2
版　　次：2024 年 7 月第 1 版　　　　印　　次：2025 年 1 月第 1 次印刷
定　　价：58.00 元

前　言

　　体能作为人体竞技能力的重要组成部分，是通过人体机能的部分运动素养显现的。体能训练是一门综合学科，它以研究提升体能水平与运动水平为目标，是提升运动员竞技能力的核心。体能训练不仅关注运动员的肌肉力量、耐力、速度、灵敏性等基本素质的提升，还强调运动员在复杂环境中身体机能的整体协调与优化。科技的不断进步，特别是智能化技术的快速发展，为现代体能训练带来了新的机遇与挑战。现代体能训练与智能化发展的融合是时代发展的必然趋势。一方面，智能化技术为现代体能训练提供了更加科学、精准的训练手段和方法，使得体能训练更加高效、安全；另一方面，现代体能训练也为智能化技术的发展提供了广阔的应用场景和市场需求。因此，未来现代体能训练与智能化发展将呈现出深度融合的趋势。

　　基于此，本书首先阐述了现代体能训练的基本原理与价值，分析其发展趋势和科学基础，并特别关注现代体能训练在数字化转型方面的探索。随后，详细探讨现代体能身体素质训练、现代体能基础与核心训练以及现代体能专项项目训练的具体内容和方法，并研究智能化背景下体能训练的新理念、现代体能训练智能化发展的依据以及现代体能训练的智能化实现，旨在为读者提供一套全面而系统的现代体能训练知识体系。

　　本书注重跨学科知识的融合，将体育学、生理学、心理学等多学科知识融入其中，使内容更加丰富和全面。此外，本书采用简洁明了的语言和清晰的结构布局，使读者能够轻松理解和掌握现代体能训练的核心要点。

　　笔者在本书的写作过程中，得到了许多专家学者的帮助和指导，在此表示诚挚的谢意。由于笔者水平有限，加之时间仓促，书中所涉及的内容难免有疏漏之处，希望各位读者多提宝贵意见，以便笔者进一步修改，使之更加完善。

目 录 ▶

第一章
现代体能训练及其数字化转型

第一节　现代体能训练及其原理与价值

一、现代体能训练

"随着运动人体科学的继续发展，现代围绕着竞技体育开展的体能训练不再仅仅关注基础的身体素质提升，还融入了诸如生物力学、心理学、营养学等多领域的知识，并通过科学数据分析进行个体化训练策略的制定。"[①]

（一）现代体能训练的概念

体能训练的核心目标在于促进人体机能的全面发展，通过系统化的训练手段，激发身体形态、生理功能和运动能力等各方面的适应性变化，从而增强个体对运动需求的适应性。

在对体能概念的划分中，通常将其分为健康体能与竞技体能两大类。健康体能指的是个体在日常生活中维持基本生理功能和完成日常活动所需的基础体能水平。它涵盖了心脏、肺、肌肉、骨骼等器官系统的基本功能，是保障个体健康和生活质量的关键。竞技体能则特指在竞技体育领域中，为了达到更高水平的运动表现而需要的高级体能状态。这种体能不仅要求具备健康体能的基础，还需通过针对性训练进一步提升，以满足特定运动项目对速度、力量、耐力、协调性等的特定要求。

健康体能与竞技体能之间存在着密切的联系。健康体能是竞技体能发展的基石。没有稳固的健康体能作为支撑，竞技体能的提升将无从谈起。因此，培养和维持良好的健康体能是实现竞技体能提升的前提条件。通过科学合理的体

---

① 袁飞. 竞技体育体能训练策略探赜 [J]. 当代体育科技，2024，14（3）：14.

能训练计划，个体可以在健康体能的基础上逐步发展竞技体能，以适应更高水平的运动挑战。

（二）现代体能训练的内容

体能是由身体形态、生理机能和运动素质等构成的，相应地，体能训练的内容就是对这些构成要素进行训练。

1. 身体形态的训练

身体形态训练是体能训练中的一个重要分支，其目标在于优化人体结构，提升身体形态的外在与内在指标。该训练内容专注于影响身体形态的多种指标，旨在通过科学的方法改善个体的体态。

外在身体形态指标包括了个体的身高、坐高、足弓高、腿长、臂长、手长、脚长、肩宽、髋宽、胸围、腰围、臀围以及腿围等。这些指标能够直观地反映出个体的体型和外观特征，是身体形态训练中关注的重点。例如，身高和腿长通常与个体的骨骼结构有关，而胸围、腰围和臀围等则与肌肉和脂肪的分布状况密切相关。

内在身体形态指标则涉及人体内部器官的形态特征，如心脏的纵横径、肾脏的尺寸以及肌肉的形状和横断面等。这些指标对于评估个体的生理功能和健康状况具有重要意义。例如，心脏的纵横径可以反映心脏的大小和功能，而肌肉的形状和横断面则可以反映肌肉的力量和耐力水平。

2. 生理机能的训练

生理机能训练旨在提升个体的生理功能水平，其核心在于增强人体对各种生理挑战的适应性和反应能力。该训练内容的设计通常基于一系列关键的生理指标，这些指标能够全面反映个体的生理状态和健康水平。

心率、血压、血红蛋白浓度、肺活量、最大摄氧量、肌肉纤维密度以及视觉和听觉能力等指标，均为评估生理机能训练效果的重要参数。心率和血压的监测有助于了解心血管系统的功能状态，而血红蛋白水平则直接关联到氧气的运输效率。肺活量和最大摄氧量是衡量呼吸系统和整体耐力的关键指标，它们能够反映出训练对提高呼吸效率和耐力的影响。肌肉纤维的密度不仅关系到力量和耐力，还与运动损伤的预防密切相关。视觉和听觉作为感知外界信息的重要感官，其敏锐度的提升同样对个体的整体生理机能有着不可忽视的作用。此外，血液中激素水平的监测也是评估生理机能训练效果的一个重要方面，因为激素调节着人体的代谢、生长、发育以及对压力的适应等众多生理过程。

3．运动素质的训练

运动素质训练是一项旨在全面提升个体运动表现的系统性训练。它涵盖了力量、速度、耐力、灵敏性和柔韧性等关键方面，这些素质共同构成了运动能力的基石。力量素质的培养包括最大力量、快速力量和力量耐力的训练，这些训练有助于增强肌肉的爆发力和持续工作能力。速度素质的提高则侧重于动作速度、反应速度和移动速度，这些能力对于快速决策和运动中的敏捷性至关重要。耐力素质包括有氧耐力素质和无氧耐力素质，耐力素质的培养对于延长运动的持续时间和提高恢复能力具有显著影响。灵敏性素质训练和柔韧性素质训练则分别关注提升个体的协调性和关节的活动范围，这对于预防运动损伤和提高运动技能的执行效率具有重要意义。

运动素质、身体形态和生理机能三者之间存在密切的相互关系，它们相互影响，共同决定了体能的整体水平。运动素质作为体能的外在表现，在体能训练中占据核心地位，其发展是提高运动员整体表现的关键。因此，体能训练计划应当综合考虑这些因素，以确保运动员在各个方面都能得到均衡的发展。

体能指标的增长具有阶段性特征，这意味着在体能训练过程中，识别并利用各项体能指标发展的敏感时期是至关重要的。通过在这些敏感时期进行有针对性的训练，可以更有效地促进体能的提升，从而优化训练效果，提高运动员的整体运动表现。

（三）现代体能训练的原则

作为一种专门组织的身体训练活动，体能训练有着自己的原则，这些原则体现了研究者对体能训练客观规律的正确把握，因此需要运动员和教练员在实际开展体能训练时严格遵循。体能训练应遵循以下原则：

1．自觉性原则

在体能训练实践中，自觉性原则强调运动员对训练目标与目的的准确认知与理解以及在此基础上的主动参与和实践。运动员对体能训练的认知深度和实践行动的主动性，直接关系到训练效果的优劣。

为了提高训练的自觉性和积极性，需要确保运动员对体能训练的理论基础和实践要求有清晰的认识。这包括对训练目标的明确设定、对训练方法的深入理解以及对训练过程的全面把握。在此基础上，运动员应主动将理论知识转化为实践技能，通过不断训练，提高自己的体能水平。

此外，运动员的训练态度同样影响着训练效果。一个端正的训练态度，能够激发运动员的内在动力，促使他们更加积极地参与训练，主动面对训练中的挑战。因此，教练员和训练团队应采取有效的启发和激励措施，帮助运动员树立正确的训练观念，认识到体能训练的重要性和价值。

2. 直观性原则

直观性原则强调将抽象的运动知识、技能和技术转化为运动员可以直接感知和理解的形式。这一过程涉及运动员利用自身的感官系统，结合已有的运动经验，形成对动作的直观印象和表象。

在体能训练中，运动员通过感性认识来接触和理解运动知识、技能和技术。通过实际练习，运动员能够将动作形象化和直观化，从而清晰地理解动作的要点及其内在联系。这一过程有助于运动员建立起对动作的正确认识，并在多次练习后达到动作的熟练掌握。

为了促进运动员对动作的直观理解，教练员应运用多种教学辅助手段。这包括使用教具进行演练、进行动作示范、展示视频和图片以及通过语言描述来增强教学内容的直观性。这些手段能够充分调动运动员的视觉、听觉和其他感官，促进对动作的综合分析，帮助运动员构建清晰、完整的动作表象和概念。

3. 经常性原则

经常性原则强调训练的持续性和规律性，这对于运动员技能和体能的提升至关重要。

运动员技能和体能的提升并非一劳永逸。根据用进废退的生理学原理，如果运动员在一段时间内未能持续进行训练，已获得的训练效果可能会逐渐减弱，甚至退化至训练前的水平。这种退步不仅会削弱运动员的竞技能力，还可能导致之前的努力付之东流。

为了避免这种情况，运动员必须将体能训练作为常规活动的一部分，保持训练的连续性和规律性。通过定期训练，维持和进一步提升其体能水平及运动技能，确保训练效果的稳定性和持久性。

4. 从实际出发原则

体能训练的实施必须遵循从实际出发的原则，这一原则要求训练计划的制订必须基于运动员的具体情况，包括年龄、性别、身体状况以及生理和心理发展水平。训练任务、内容、强度以及组织形式的安排，都应与运动员的实际能力相匹配，以确保训练的科学性和有效性。

在制订训练计划时，教练员需对运动员的身体健康情况进行全面评估，包括但不限于其身体素质、运动技能、心理状态以及学习能力。这些因素共同决定了运动员对训练的适应性。只有充分了解和把握这些信息，才能设计出符合运动员个体差异的训练方案。

从实际出发原则还要求教练员在训练过程中保持灵活性，根据运动员的反馈和训练效果及时调整训练方案。这种动态调整有助于确保训练计划始终与运动员的实际情况保持一致，从而保持训练效果最优化。

从实际出发原则还强调了对运动员个体差异的尊重。每个运动员都有其独特的生理和心理特点以及不同的运动经历和训练需求。因此，训练计划的制订和实施必须考虑到这些差异，以促进每个运动员的全面发展。

5. 身体全面发展原则

遵循身体全面发展原则，体能训练内容的选择必须确保全面性和平衡性。这一原则强调，训练方法的选择应与运动员身体各部位及各项机能的协调发展相适应，以实现身体素质的全面提高和基本活动能力的均衡增强。为了促进运动员身体全面发展，需注重以下方面：

（1）确定合适的训练方法。训练方法应能够针对不同的身体部位和机能水平提供针对性的锻炼，从而促进肌肉力量、耐力、灵活性和协调性的综合提升。通过科学合理的训练方法，可以确保运动员身体各系统和部位得到均衡发展，避免因训练不平衡而导致的潜在健康风险。

（2）制订合理的训练计划。训练计划应体现出项目安排的合理性，确保各个训练项目都能充分考虑和适当安排。通过精心设计的计划，可以确保运动员在力量、速度、耐力、灵敏性和柔韧性等方面得到均衡的训练，从而实现身体素质的全面提升。

（3）安排丰富的训练内容。训练内容的安排应采用丰富多样且灵活的形式。这种多样化的训练可以激发运动员的兴趣，提高训练的趣味性和有效性。同时，灵活的训练形式有助于适应运动员的个体差异和不断变化的训练需求，确保训练计划能够持续有效地促进身体全面发展。

6. 系统性原则

系统性原则基于运动员体能发展的内在规律，强调在整个运动生涯中都应遵循这一规律进行训练规划。从运动员训练的起始阶段到取得显著成绩，再到运动生涯的结束，系统性原则要求对运动训练进行持续且连贯的规划。

系统性原则的实施不仅涉及对运动员整个运动生涯的宏观规划，还要求对不同训练阶段的具体细节进行细致入微的安排。这包括对训练内容、项目、方法和强度的系统规划，以确保训练的连贯性和有效性。在运动员的初始训练阶段和取得一定成绩时，这种系统性规划尤为重要，因为它有助于运动员在关键时期获得最佳的运动素质发展。

从生理发育的角度来看，个体之间的发育速度和水平存在明显差异。特别是在青少年时期，运动员的运动素质发展对训练更为敏感，这是提升运动素质的宝贵时机。把握住这一时期，可以促进运动员运动素质的全面发展，激发其潜在能力，为未来取得优异成绩打下坚实的基础。

当运动员取得优异成绩后，其身体形态和机能已达到较高水平，运动素质的提升进入一个相对平稳的阶段。在这一阶段，运动员和教练员应进行更深入的思考，探索更多发展的可能性。这可能涉及对训练方法的创新、对训练计划的调整以及对运动员潜能的进一步挖掘。

7. 结合专项原则

结合专项原则强调体能训练应与运动员的专项运动项目紧密结合，以实现专项运动能力的提升。一般体能训练虽然为运动员提供了发展运动素质的基础，但专项运动成绩的提升还需要通过针对性的专项训练来实现。

根据结合专项原则，训练安排应根据各运动项目的技术、战术和专项能力特点进行。这意味着体能训练计划需要针对运动员所参与的具体运动项目进行个性化设计，以确保训练内容能够有效促进专项运动所需素质的发展。例如，对于需要高爆发力的运动项目，训练计划应重点发展运动员的力量和速度素质；而对于需要良好耐力的运动项目，则应加强有氧耐力和耐力素质的训练。

体能训练与专项训练的关系是相辅相成的。体能训练不仅为技能训练和战术训练提供了基础，还能通过提高运动员的身体机能，使其更好地适应专项运动的要求。这种适应性表现在运动员能够更轻松地执行专项技术动作，更有效地实施战术策略，从而在专项比赛中取得更好的成绩。

此外，结合专项原则还要求在体能训练中融入专项技术和战术元素。这种做法有助于运动员在体能训练过程中同步提高对专项技术和战术的理解和运用能力。通过这种方式，运动员能够在体能和技能两个层面上实现协调发展，为创造优异的专项运动成绩创造有利条件。

8. 循序渐进原则

循序渐进原则基于人体生理发育的阶段性和次序性特点。这一原则强调，体能训练应按照由易到难、由浅入深的顺序，逐步提升训练的难度和强度。

在体能训练的实施过程中，循序渐进原则要求训练内容、方法和强度的安排必须符合人体机能活动能力的变化规律。这意味着训练计划应从基础体能训练开始，逐步过渡到更高级的训练阶段。例如，力量训练可以从自重训练开始，随着运动员适应性的提高，逐渐增加外部负荷。

此外，循序渐进原则还要求训练计划必须考虑到动作技能形成规律。动作技能的掌握需要经过由简单到复杂的过程，运动员需要在掌握基本动作的基础上，逐步学习更复杂的技术动作。

人体机能适应性规律也是循序渐进原则需要考虑的重要因素。人体对训练负荷的适应需要时间，训练计划应给予运动员足够的时间来适应逐渐增加的训练负荷，以避免过度训练造成运动损伤。

遵循循序渐进原则，不仅有助于运动员逐步提高体能水平，还有助于培养运动员的自信心和积极性。通过有计划、有步骤的训练，运动员能够在不断克服挑战的过程中，逐步提升自己的运动能力和竞技水平。

（四）现代体能训练的影响因素

1. 遗传素质的影响

人体遗传素质在运动实践和运动机能水平提升中起着决定性作用。

在运动选材与训练过程中，应充分考虑遗传素质的作用。人体生理机能的多个指标受遗传素质影响，这些指标在个体成长发育与训练过程中表现出稳定性，为运动选材提供了重要的科学依据。遗传度较低的指标在运动训练中具有更大的可塑性，而那些难以通过训练改变的指标，则应在选材时予以慎重考虑。

不同的运动项目与个体的先天遗传素质之间存在特殊的联系。先天遗传素质的优越性，在一定程度上决定了运动员在特定专项运动项目上的潜力和成就。因此，运动选材时，应优先选拔那些具有先天遗传优势的少年儿童，这不仅有助于运动员竞技能力的提高，也为培养杰出的运动员创造了有利条件。

2. 竞赛次数的影响

运动训练与运动竞赛在竞技体育支撑体系中具有密不可分的关系，二者相互促进，共同推动运动员竞技水平的提升。通过科学合理的训练，可以激发运动员的体能潜能，为在竞赛中取得优异成绩打下坚实基础。同时，运动竞赛不仅为运动员提供了展示自身竞技水平的平台，还为评估训练效果提供了重要途径。通过竞赛的检验，可以发现运动员训练中的不足，进而促进训练方法的改进和完善。

随着竞技体育职业化、商业化的发展，运动员参加比赛的次数显著增加，这对运动员的训练和比赛表现产生了双重影响。一方面，增加比赛次数为运动员提供了更多的锻炼机会，有助于提升其比赛经验和适应能力；另一方面，频繁的比赛可能导致运动员难以获得充分的恢复和准备时间，影响其竞技状态和运动成绩的提高。

"以赛代练"作为一种训练理念，是通过比赛激发运动员的训练热情，促进训练与比赛的有机结合，提高运动员的比赛经验和适应能力。但同时，"以赛代练"也存在一定的局限性，需要综合考虑比赛的规模、时机和预期效果，避免过度依赖比赛而忽视系统性训练的重要性。

在现代竞技体育中，比赛次数的增加与运动员日常训练的平衡是一个需要细致考量的问题。过多的比赛可能会增加运动员的身心负担，影响其竞技状态的维持和运动成绩的提高。因此，合理安排比赛次数和频率，根据运动员的个人特征和运动项目特点，制订合理的年度比赛计划，是确保运动员在比赛中发挥最佳水平的关键。

此外，竞技状态的发展过程具有鲜明的周期性特点，适当的人为干预可以调节运动员的竞技状态，实现超量恢复，为在比赛中取得优异成绩创造条件。但这种干预需要在一定的时间支撑下进行，要避免频繁干预对年度训练系统性的影响。

3. 训练对体能的影响

训练对体能的影响是多方面的，它在运动员运动水平提升过程中扮演着至关重要的角色。合理的培养体制是影响运动员运动水平提高的一个主要外部因素。培养体制的合理性直接影响着运动员的训练效果和运动生涯的可持续发展。

运动员的个体差异性在训练中起到了决定性作用。这种差异性要求教练员和训练机构在制订训练计划时，必须考虑到不同运动员的体能特点、技能水平和心理状态。一个健全合理的训练体制能够保证运动员进行多年系统的训练活动，从而在体能上得到全面提升。

在运动员的训练过程中，必须注意训练负荷与其阶段承受能力之间的平衡。过度的训练不仅无法带来预期的训练效果，反而可能导致运动员出现过度疲劳、运动损伤等问题。因此，训练计划的制订必须遵循运动员的生理和心理发展规律，避免盲目超前、超量制订训练计划。

4. 营养因素对体能的影响

营养因素对于运动员体能的维持与提升具有显著影响。合理化的营养搭配是运动员体能恢复与增强的关键环节。在运动员体能表现的多元影响因素中，除了遗传因素和训练条件之外，营养的质与量构成了重要的支持系统。随着竞技体育对运动员体能要求的持续提升，运动员在挑战极限的过程中，身体代谢的平衡可能遭受干扰。此时，通过科学的营养调整和针对性的营养干预，可以显著优化身体代谢状态，支持运动员保持最佳的体能状态，以应对日常训练和激烈比赛的需求。

营养的科学管理不仅涉及日常饮食的合理规划，还包括对特定营养素的补充策略，如宏量营养素和微量营养素的平衡摄入。宏量营养素包括碳水化合物、脂肪和蛋白质，是运动员能量供应和肌肉修复的基础。微量营养素如维生素和矿物质，则在促进生理功能、增强免疫力和维持电解质平衡方面发挥着不可或缺的作用。

此外，运动员的营养搭配还应考虑到训练负荷、比赛安排和个人代谢特点，以实现个性化的营养支持。在高强度训练或比赛后，及时的营养补充对于加速恢复体能、减少肌肉损伤和提高后续训练的适应性至关重要。

二、现代体能训练的原理

体能训练是在运动生理、运动生化等相关原理的指导下进行的提高人体各项技能的训练。因此，对体能训练基本原理有所了解是十分必要的。体能训练的基本原理主要有三个，分别是训练适应原理、能量代谢原理和恢复过程原理。

（一）训练适应原理

体能训练的主要任务是通过一定的训练负荷刺激机体，使机体产生训练适应，以不断提高机体的运动能力。在进行体能训练时，不断增加训练负荷，打破机体原有的负荷适应与平衡，并使机体在新的负荷水平上产生新的适应与平衡，以此循环，从而提升机体的体能水平，这种方法就是超量负荷训练适用原理，该原理的生理学基础就是应激学说。

1. 适应

适应性变化是人体对运动训练刺激的一种生物学响应，它涉及机体多个层面的生理和化学调整。体能训练作为一种特定的生理负荷，能够激发运动员身体的适应机制，从而在物质代谢和调节能力等方面引发一系列的变化。这种适应性变化是运动水平提升的生物学基础。

在体能训练过程中，运动员首先会遇到由不同运动方式引起的应激，随后身体会产生相应的反应，并逐步适应这种刺激。这一过程遵循着"刺激→反应→适应→提高→再刺激→再反应"的循环模式，体现了身体适应性变化的动态性和连续性。

经过适应性变化后，运动员的身体会在不同方面表现出特定的改善。力量训练会导致骨骼肌体积和磷酸原储备量的适应性增加，这有助于提高肌肉的力量输出和爆发力。速度耐力训练通过提高糖酵解系统酶的活性，增强运动员的耐乳酸能力，从而优化无氧代谢能力。而耐力训练则通过增加最大摄氧量、骨骼肌细胞内线粒体的数量和体积，来提升有氧代谢能力。

2. 应激

应激是机体在面对各种内外环境变化时的一种生物学反应，是机体在遭受功能活动或损伤作用时产生的一系列非特异性变化。这些变化是对诸如创伤、出血、中毒、感染、缺氧、神经紧张等应激源的反应。

机体对应激源的反应表现为两种形式：一是对所有应激源产生的非特异性反应，即所谓的"应激"；二是对特定应激源产生的特异性反应，如细菌感染引起的免疫细胞水平变化。在运动训练领域，大负荷的体能训练或比赛可被视为一种应激源，它们会引起运动员身体出现脱水、缺氧、神经紧张等特异性反应，同时也会触发一系列共同的非特异性应激反应。

运动员通过体能训练所经历的身体变化、恢复和适应过程，与塞里提出的应激学说相吻合。这表明应激学说为运动训练提供了重要的理论支持，有助于优化训练方法，提高运动员的适应能力和运动表现。

在运动训练实践中，对应激学说的深入理解和应用，可以帮助教练员和运动员更好地预测和管理训练过程中可能出现的生理和心理反应，从而设计出更加科学、合理的训练计划。通过这种方式，可以有效地促进运动员的体能发展，提高其对训练负荷的适应性和竞技状态的稳定性。

3．应激与适应过程

应激与适应过程是机体对外界负荷变化的生物学响应，这一过程通常经历动员阶段、适应阶段和衰竭阶段三个连续的时期。

（1）在动员阶段，机体初步遭遇超负荷的体能训练刺激，各器官系统进入全面动员状态。此阶段的生理变化包括安静心率的增加、肾上腺素及糖皮质激素分泌的增多、体内物质能源分解与代谢的加强、次日晨尿素氮和尿胆原含量的升高以及血红蛋白含量的暂时下降。这些变化表明机体在初期对训练负荷尚未完全适应。

（2）在适应阶段，机体对训练负荷产生代偿性反应，表现出对体能训练的适应。在这一阶段，安静心率降低，肾上腺素和糖皮质激素分泌回归至基础水平，物质能源合成代谢得到加强，尿素氮和尿胆原含量回落至正常水平，血红蛋白含量有所增加。这些适应性变化反映了机体对训练负荷的适应，也预示着运动能力的相应提升。

（3）在衰竭阶段，若训练负荷过大或机体功能维持在较低水平，机体可能进入衰竭阶段，此时已获得的适应性变化可能发生逆转。衰竭阶段的生理变化包括安静心率的上升、肾上腺素和皮质醇分泌的过度增加、血红蛋白含量的持续低下以及血液和尿液指标的异常，甚至可能出现运动性贫血。这些症状表明体能训练的负荷已超出机体的最大承受能力。

因此，体能训练的实质是机体经历"应激→适应→再应激→再适应"的循环过程。深入理解应激与适应过程的各个阶段，并掌握身体指标的变化规律，对于制订科学的体能训练计划至关重要。这不仅有助于提升学生的体能水平，也是提高运动能力、确保训练效果和防止过度训练的基础。

（二）能量代谢原理

人体的物质代谢和能量代谢是人体体能的核心因素，其能力决定着机体的机能水平和运动能力。人体在运动时，有一个完整的供能体系，该体系由有氧代谢系统和无氧代谢系统共同构成，其中有氧代谢系统指的就是有氧氧化系统，无氧代谢系统包括磷酸原系统和糖酵解系统。

在进行体能训练之前，一定要先明确训练的内容属于哪种运动方式，这种运动方式的代谢基础是什么，然后再有针对性地发展对应的代谢系统的能力，从而提升运动能力。下面将对人体代谢的两大系统进行分析，以期为运动训练提供能量代谢理论基础。

1. 有氧代谢系统

机体在供氧充足的情况下，脂肪、蛋白质和糖会在细胞内分解成二氧化碳、水、尿素等，在这个过程中会伴有能量的释放，这就是有氧代谢的过程，也是有氧氧化系统供能的过程。脂肪、蛋白质和糖通过有氧代谢可以释放大量的能量并合成腺嘌呤核苷三磷酸（又称腺苷三磷酸，简称ATP）。ATP是一种高能化合物，能够为人体的肌肉运动提供能量，构成了人体的有氧代谢供能系统。

（1）脂肪的有氧代谢。脂肪作为有氧代谢的重要能源，在人体能量供应中扮演着关键角色。在氧气充足的环境中，脂肪通过氧化过程转化为二氧化碳和水，同时释放出能量，这一过程即脂肪的有氧代谢。脂肪在人体中分布广泛，主要存在于皮下结缔组织、内脏器官周围以及肠系膜等部位，其功能不限于提供能量，还包括保护器官和维持体温等。

脂肪可进一步细分为真脂与类脂。真脂，主要形式为甘油酯，由甘油和脂肪酸构成，是人体热能和必需不饱和脂肪酸的重要来源。而类脂，作为组织和细胞的主要成分，对于维持人体正常生理功能至关重要，同时具备提升抗缺氧能力的作用。

（2）糖的有氧代谢。在氧气供应充足的环境中，肌糖原和葡萄糖能够经历彻底的氧化过程，分解成水和二氧化碳，同时释放出丰富的能量。这一过程即糖的有氧代谢，是人体获取能量的重要途径。

糖不仅是构成人体组织细胞的关键成分，而且在通常情况下，日常饮食中的糖类提供了超过70%的人体所需能量。相较于脂肪和蛋白质，糖在有氧代谢过程中需要的氧气更少，这使得糖成为人体能量获取的首选物质，同时也是最经济的能量来源。

在运动训练中，人体首先会动用肌糖原储备。人体肌糖原含量大约在350~400克，参与有氧代谢。随着运动时间的延长，肌糖原逐渐被消耗，当血糖水平下降时，肝糖原将被分解补充血糖，继续参与有氧代谢过程。

（3）蛋白质的有氧代谢。在长时间的高强度运动中，蛋白质和氨基酸可参与能量供应，但其贡献的能量比例相对较小。在糖供应不足或已被大量消耗后，蛋白质提供的能量仅占总能量的15%~18%。在一般情况下，如进行一小时的有氧运动，蛋白质提供的能量仅占总能量的4%左右。

2．无氧代谢系统

无氧代谢系统就是不需要氧的代谢功能系统，包括磷酸原系统和糖酵解系统。

（1）磷酸原系统。磷酸原系统，由肌肉细胞内的腺苷三磷酸和磷酸肌酸构成，是高能磷酸化合物的典型代表。这两种物质具备快速分解与再合成的能力，为细胞活动提供即时能量。

磷酸原系统的能量供应量虽有限，但能在短时间内迅速释放，持续时间大约为8秒，此过程无须氧气参与，亦不产生乳酸，能量释放速度极快，输出功率在所有供能系统中最高。

在诸如短跑、举重等要求短时间内高强度输出的运动中，磷酸原系统是主要的能量供应来源。由于磷酸原在肌肉细胞内的储量有限，它通常在运动初期即被迅速动员，以支持运动的起动和冲刺阶段。

磷酸原系统的工作机制对于优化运动训练计划、提高运动表现以及加速运动后的恢复过程具有重要意义。通过科学的训练方法，可以提高肌肉细胞中磷酸原的储量和周转速率，从而增强短时高强度运动的能力。

（2）糖酵解系统。当运动持续时间超过10秒且强度较大时，糖酵解系统便成为主要的能量供应途径。因产生乳酸，糖酵解系统亦称为乳酸能系统。在高强度运动中，糖酵解系统在运动开始后约30秒达到最大供能速率，并能持续供能1~2分钟。随后，由于乳酸的积累，供能速率开始下降。乳酸的产生是糖酵解过程的一个副产品，体内乳酸积累至一定水平会导致肌肉疲劳感。

尽管糖酵解系统在运动过程中产生乳酸，但其在能量供应中的作用不可或缺。在氧气供应不足的情况下，**糖酵解系统**能够迅速提供能量，以支持身体对即时能量的需求。该系统的存在对于短时间内高强度运动的表现至关重要，它保证了机体在缺氧或氧气供应不及时的情况下，仍能维持一定的运动强度和持续时间。

（三）恢复过程原理

1. 恢复阶段

体能训练后的恢复过程是机体生理功能和能源物质逐渐回归至训练前状态的关键阶段。这一过程涉及复杂的生理调整，对提升运动能力具有重要影响。

在经历了负荷较大的训练后，机体可能会经历运动能力下降或提高的不同状况，这与恢复的程度紧密相关。训练引起的疲劳若不能得到有效的恢复，可能会导致运动能力不升反降。因此，正确理解疲劳并采取适当措施促进恢复至关重要。人体在运动过程中的消耗与恢复通常分为以下三个阶段：

第一阶段，在运动进行时，能源物质的消耗占主导地位，尽管恢复过程也在进行，但总体上消耗超过恢复，导致体内能源物质及器官系统功能呈现下降趋势。

第二阶段，运动停止后，消耗减少，恢复过程开始占据优势，能源物质和器官系统功能逐步恢复至运动前水平。

第三阶段，经过一段时间的恢复，不仅能源物质恢复至运动前水平，还可能出现超量恢复现象，即能源物质水平超过初始状态，随后又回归至原始水平，标志着恢复过程的完成。

超量恢复是客观存在的现象，其程度和持续时间取决于运动训练中的消耗程度。在适当的训练负荷下，能源物质消耗越多，恢复时间越长，超量恢复的效果也越明显。因此，合理安排训练与休息，对实现最佳训练效果至关重要。实践证明，在超量恢复阶段参与训练或比赛，可以带来更佳的训练效果和更优异的比赛成绩。

2. 机体储备恢复

（1）磷酸原储备的恢复。磷酸原储备的恢复是体能训练中一个至关重要的环节。磷酸原包括腺苷三磷酸和磷酸肌酸，是肌肉细胞进行剧烈运动时的主要能量来源。这些高能磷酸化合物的再合成速度非常快，在剧烈运动后2~3分钟内即可完成恢复。因此，在训练中合理安排间歇，有助于磷酸原的迅速恢复，这不仅有助于防止或延缓由于乳酸堆积引起的疲劳，还能维持运动表现。

磷酸原的再合成过程需要能量，通常由有氧氧化系统提供。有氧氧化系统通过氧化糖类和脂肪来释放能量，并合成腺苷三磷酸。其中一部分腺苷三磷酸直接储存于肌肉细胞中；另一部分则用于合成磷酸肌酸，最终以磷酸肌酸形式储存，以备后续运动需求。

（2）肌糖原储备的恢复。肌糖原是糖酵解和有氧氧化系统的供能物质，其恢复速度受多种因素影响，包括膳食、运动强度和持续时间。肌糖原的再积累主要依赖于膳食中的碳水化合物补充。研究表明，高糖膳食能够显著加速肌糖原的恢复。特别是在大负荷训练后，高糖膳食可以在2天内促进肌糖原储备的完全恢复，且恢复初期速度最快。对于间歇训练，无论是高糖还是普通膳食，肌糖原都能在1天内恢复，且最初的5小时内恢复速度最快。

（3）氧合肌红蛋白的恢复。氧合肌红蛋白的恢复过程则更为迅速。肌红蛋白是肌肉中的一种蛋白质，能够与氧结合形成氧合肌红蛋白，每千克肌肉大约可结合11毫升的氧。由于肌红蛋白与氧结合和分离的过程不需要能量，因此在运动停止后几秒钟内，氧合肌红蛋白的水平即可恢复至正常。

三、现代体能训练的价值

（一）促进人的身体健康

体育锻炼在促进个体健康方面发挥着不可替代的作用。通过系统化的体能训练，不仅可以增强身体素质，还能显著提升人体器官系统的功能，进而增进整体健康水平。

第一，体能训练对心血管系统有益。心血管系统作为人体循环的核心，负责输送氧气和营养物质至全身各部位，同时带走代谢废物。体能训练能够加强心肌收缩力，提高心脏泵血效率，增加血管的弹性，从而促进血液循环，改善血液供应。这种改善对于肥胖者来说尤为重要，因为肥胖往往伴随着心血管健康风险的增加。通过长期坚持体育锻炼，肥胖者可以有效降低体脂比例，改善心血管功能，达到减脂塑形的效果。

第二，呼吸系统的功能因体能训练而得到加强。运动时，人体对氧气的需求增加，呼吸频率和深度相应提高，这有助于增强肺部的换气功能，提高肺活量。长期进行体能训练的人，其呼吸肌群更加发达，呼吸深度和效率均有所提升，这不仅能够提高运动能力，还能增强呼吸系统对各种环境的适应性。

第三，体能训练可以刺激骨骼生长，增加骨密度，预防骨质疏松。肌肉通过运动得到锻炼，肌肉纤维增粗，肌肉力量和耐力均有所增强。肌腱作为连接肌肉与骨骼的结构，其抗拉力也会因运动而提高，这有助于减少运动损伤的风险。

第四，体能训练能够改善大脑功能。运动能够促进神经递质的释放，提高神经传导速度，增强神经系统对外界刺激的反应能力和协调性。这对于改善大脑功能、提高认知能力和学习效率具有积极作用。

第五，体能训练能够促进人体的新陈代谢。运动时，能量消耗增加，身体对能量的需求促使新陈代谢加速，这有助于身体更高效地利用能量，同时加快代谢废物的排出。长期坚持体能训练，可以提高基础代谢率，改善身体成分，对于维持健康体重和身体形态具有重要作用。

第六，体能训练还有助于提高人体免疫力。规律的运动可以增强免疫系统的功能，提高机体对疾病的抵抗能力。运动时，免疫细胞的活性增强，免疫球蛋白水平提高，这有助于预防和减少疾病的发生。

（二）提高运动训练能力

在体育运动实践中，体能是运动员进行各项运动的基础保障。无论是参与篮球、足球等竞技性强的运动，还是进行其他形式的体育活动，体能的强弱直接影响到运动表现和技能提升。

体能训练通过协调各器官系统的功能，增强心肺耐力、肌肉力量、柔韧性和平衡能力等多方面的身体素质，为运动员提供了从事专项运动所需的身体条件。随着运动难度的增加，对体能的要求也在不断提高，体能训练的重要性因此而凸显。

已掌握的运动技能能够为学习新的运动技能打下良好的基础，增强运动员的运动能力，从而在专项运动中发挥出更佳的表现。例如，在篮球、足球等项目中，需要运动员具备快速反应、力量对抗、持久耐力等专项运动素质，而这些素质的提升，正是体能训练所追求的目标。

尽管专项运动的战术训练中也包含了身体训练的内容，但往往难以满足专项运动对体能的高标准要求。因此，专门的体能训练不仅能够提升其体能水平，还能增强身体适应各种运动环境的能力，满足进行专项运动项目的体能需求。

体能训练还能够帮助运动员建立起科学的训练理念和方法，通过系统的体能训练，运动员可以学会如何合理分配体能，如何在训练中避免过度疲劳，以及如何在比赛后进行有效的恢复。这些能力对于延长运动生涯，保持最佳运动状态具有重要意义。

（三）提高人的心理品质

体能训练对提高心理品质同样具有显著的积极影响。在这一过程中，不仅锻炼了身体，更在精神层面上得到了锻炼和提升。

吃苦耐劳和坚韧不拔是体能训练中不可或缺的心理品质。由于体能训练的艰苦性，运动员在参与过程中不可避免地会面临各种身体和心理的挑战。这种高强度的训练要求参与者具备高度的忍耐力和坚定的意志力，以应对训练中的困难和挑战。随着训练的持续，心理素质将得到相应的锻炼和加强，从而在精神层面变得更加坚强和成熟。

竞技运动的对抗性和高强度性对参与者的心理素质提出了更高的要求。在这种环境下，生理因素和身体素质成为影响其心理状态的重要因素。通过体能训练，可以提高运动员的身体素质，使其保持旺盛的精力和充沛的体力，这不仅有助于增强抗疲劳能力，还能够使他们在训练和比赛中建立起自信心。

自信心是提升训练效果和比赛成绩的关键因素。在面对高强度的训练和比赛时，能够保持积极的心态和高昂的斗志，有助于增强训练效果和提高比赛成绩。这种自信来源于对自己身体素质的信任和对训练成果的肯定。相反，体能不佳的个体在训练和比赛中可能会感到力不从心，这种状态会削弱其自信心，进而影响训练效果和比赛成绩。

（四）能够适应高强度的比赛训练

现代竞技体育背景下，运动员面临的竞争压力日益增大，为了在比赛中取得优异成绩，他们必须通过高强度的训练来激发自身的潜能。这种训练不仅要求运动员具备高水平的体能，还要求他们能够熟练地运用战术技巧。

当前，体育运动训练已经步入了科学化训练的新阶段。现代体能训练注重训练的强度、密度、速度和运动量，这些因素共同构成了训练的高强度特征。为了适应这种高强度的训练环境，运动员需要具备强健的体魄和出色的身体机能。强健的身体是适应高强度训练的基础，它能够保证运动员在训练中承受更大的负荷，同时减少训练带来的身体负担。

良好的身体机能是运动员适应高强度比赛训练的关键。这包括心肺耐力、肌肉力量、柔韧性、平衡能力和协调性等。这些身体机能的提升，有助于运动员在训练中更好地应对各种运动技能的要求，提高训练效果。

此外，科学的训练方法和合理的训练计划对于运动员适应高强度训练同样重要。通过科学的训练方法，运动员可以更有效地提升体能，减少训练中的不必要损伤。合理的训练计划则能够帮助运动员合理分配体能，避免过度训练，确保训练的持续性和系统性。

（五）预防伤病，延长运动寿命

体能训练在预防伤病和延长运动寿命方面发挥着至关重要的作用。经过系统化的体能训练，身体形态、生理机能和运动素质均能得到显著提升。这种多方面的改善不仅促进了身体素质的全面提高，还增强了训练适应的稳固性，为运动技能的持续发展和保持提供了坚实的基础。

身体形态的优化有助于提高运动效率，减少不必要的能量消耗，从而降低运动过程中的损伤风险。生理机能的增强，如心肺功能的提高、肌肉力量和耐力的增强，为应对高强度训练和比赛提供了必要的身体支持。运动素质的提升包括速度、灵活性、协调性和平衡能力等方面，对于预防运动中的急性和慢性损伤同样至关重要。

此外，体能训练还涉及科学的训练方法和合理的训练负荷安排。这些因素对于预防过度训练和运动损伤、促进身体恢复具有重要作用。科学的训练方法可以减少运动中的技术性损伤，合理的训练负荷安排则有助于避免身体过度疲劳，两者相结合有助于延长运动员的运动寿命。

第二节　现代体能训练的发展趋势

新时期在5G技术的支持下，大数据技术、智能化技术、数字化技术等持续深入与体能训练融合，极大地提高了体能训练的效果。深入分析体能训练的发展趋势，有助于紧跟时代潮流，促进体能训练方法与技术的发展，促进体能训练理论与实践的有机融合。

一、方法视角的体能训练发展趋势

基于方法视角，新时期体能训练呈现个体化、多样化、专项化和实战化四个发展趋势，它们共同促进着新时期体能训练的科学化演进，为我国体能训练在新时期走向现代化奠定基础。

（一）个体化发展趋势

新时期，随着运动科学和训练理论的不断发展，体能训练已经从传统的"一刀切"模式转变为更加注重个体差异的个体化训练。这种转变的目的是寻找更适合每位运动员的训练方法，以期达到最佳的训练效果。

个体化体能训练的核心在于对每位运动员的身体素质、运动技能、心理特点和恢复能力等进行全面评估，并根据评估结果制订个性化的训练计划。这种训练计划不仅包括运动强度、训练频率和训练时间等传统训练要素，还包括针对运动员个体差异的训练内容和方法。

第一，个体化体能训练需要对运动员的身体素质进行全面评估。这包括运动员的力量、速度、耐力、柔韧性和协调性等方面。通过对这些身体素质的评估，教练员可以了解运动员在哪些方面存在优势，哪些方面需要改进，从而制订出更加有针对性的训练计划。

第二，个体化体能训练需要考虑运动员的运动技能。不同运动项目对运动员的技能要求是不同的，即使是同一运动项目中的不同位置或角色，对运动员的技能要求也会有所不同。因此，在制订训练计划时，需要充分考虑运动员所参与运动项目的特点和要求，以及运动员在该项目中的定位和角色。

第三，个体化体能训练需要关注运动员的心理特点。运动员的心理状态对训练效果和比赛表现有着重要的影响。教练员需要了解运动员的心理特点，如动机、自信心、抗压能力等，并根据这些特点制订相应的心理训练计划，帮助运动员在训练和比赛中保持良好的心理状态。

第四，个体化体能训练需要考虑运动员的恢复能力。不同运动员的恢复速度和方式是不同的，因此在制订训练计划时，需要充分考虑运动员的恢复能力，合理安排训练负荷和恢复时间，以确保运动员能够在训练中保持最佳状态。在实施个体化体能训练时，教练员需要具备专业的知识和技能，包括运动生理学、运动心理学、运动训练学等方面的知识以及对运动员个体差异的敏感度和洞察力。此外，教练员还需要不断地学习和更新知识，以适应新时期运动员训练的需求。

第五，个体化体能训练需要运动员的积极参与和配合。运动员需要了解自己的身体状况和训练需求，积极参与训练计划的制订，并在训练过程中及时反馈自己的感受和需求，以便教练员及时调整训练计划。

（二）多样化发展趋势

新时期，体能训练正经历着前所未有的多样化发展趋势。这种多样化体现在多个方面，包括衡量标准、训练设备以及检测手段等方面，这些变化共同推动着体能训练向更加科学、高效和个性化的方向发展。

第一，速度和力量是衡量运动员体能水平的两项主要指标。随着运动科学的发展和对运动员全面能力认识的深化，耐力、柔韧性等新的衡量标准被引入到体能训练中。这些新的标准不仅能够更全面地评估运动员的体能水平，还能够针对不同运动项目的特点，为运动员提供更为个性化的训练指导。未来，随着对运动员体能要求的不断提高，体能训练的衡量标准还将继续丰富和多样化，以适应不同运动项目和运动员个体的需求。

第二，随着新兴体育科技元素的融入，体能训练设备正在变得更加智能化和多样化。智能训练法、电刺激训练法等新兴训练方法的应用，不仅提高了训练的科学性和有效性，还为运动员提供了更加丰富和有趣的训练体验。这些多样化的训练设备和方法，能够帮助运动员更好地激发潜能，提高训练效果。

第三，新时期的多样化检测手段，如生物力学分析、能量代谢分析、心理状态评估等，能够为运动员提供更为科学和准确的评估。这些检测手段不仅能够帮助教练员更好地了解运动员的体能状况，还能够为运动员提供个性化的训练建议，优化训练方法。

多样化的体能训练衡量标准、训练设备和检测手段，为新时期运动员的体能训练提供了更多可能性，不仅能够满足不同运动项目和运动员个体的需求，还能够帮助运动员更好地提高体能水平，优化训练效果。

（三）专项化发展趋势

新时期，体能训练的专项化发展趋势日益显著，这一趋势体现了对运动员个体差异和运动项目特性的深刻理解与尊重。体能训练的专项化，强调根据运动员参与的具体运动项目，设计和实施针对性的体能训练计划，以满足不同运动项目对运动员体质素质的特殊要求。

专项化体能训练的核心在于深入分析专项运动项目所必需的运动要素以及该项目目标所表现出的基本特征。这意味着训练计划的制订需要基于对专项运动的深入理解，包括技术要求、战术需求、比赛规则、运动强度和频率等方面。通过这种深入的分析，可以确保训练内容与专项运动的实际需求高度一致，从而提高训练的有效性。

在专项化体能训练中，运动员的个体发展特点是一个关键考量因素。每个运动员都有其独特的身体条件、技能水平和心理特质，这些因素共同影响着运动员的运动表现。因此，运动员需要根据自身的发展特点，有针对性地进行体能训练。这不仅包括对一般体质素质的提升，如力量、速度、耐力、柔韧性等，更包括对专项体质素质的培养，如特定肌肉群的力量、关节稳定性、运动技巧等。

专项化体能训练强调运动员中枢神经系统的调节作用。中枢神经系统的有效运作，对于运动员的运动能力发挥至关重要。通过专项化训练，运动员的中枢神经系统可以更好地适应专项运动的需求，提高运动员的反应速度、协调性和运动技巧的执行效率。在实施专项化体能训练时，还需要充分考虑运动动作与运动员肌肉特征之间的相关性。这意味着训练应该基于运动员的肌肉特征来设计，确保训练内容与运动员的身体条件相匹配。例如，对于需要高度爆发力的运动项目，训练应重点发展相关肌肉群的快速力量；而对于需要长时间耐力支撑的运动项目，则应重点提升肌肉的耐力和抗疲劳能力。

（四）实战化发展趋势

新时期，体能训练的实战化发展趋势日益显著，这一趋势被视为推动体能训练现代化、满足时代需求的核心动力。实战化体能训练的核心在于模拟真实的比赛环境和条件，通过专项比赛形式开展训练，确保训练活动与专项比赛的基本特征和内涵相符合。

实战化体能训练的实施，要求训练内容与实战紧密结合，这意味着训练不仅仅是对体能素质的简单提升，更是在模拟的实战环境中，对运动员进行全面的体能和技术训练。这样的训练模式有助于运动员在实战中更好地适应比赛节奏，提高其应对各种比赛情境的能力。

随着体育竞赛制度的转变，竞技体育正朝着职业化、商业化和社会化的方向发展。这一背景下，对运动员的体能训练提出了更高的要求，迫切需要将高水平的体能训练与专业竞技体育训练相融合。实战化体能训练正是满足这一需求的有效途径，它能够帮助运动员在接近实战的环境中激发身体潜能，提升体能素质。

在实战化体能训练中，运动员的身体会根据训练的特点产生相应的生理和心理反应。这种反应是积极的，有助于运动员体能训练目标的实现。通过实战化训练，运动员能够在模拟的比赛环境中，逐步适应高强度、高压力的竞技状态，从而在比赛中发挥出最佳水平。实战化体能训练还为运动员提供了宝贵的演练机会。在这种训练中，运动员可以根据实战的需要，进行有针对性的系列演练。这不仅包括技术动作的练习，还包括战术运用、心理素质培养等多方面的训练。通过这些演练，运动员能够在实战训练中做好竞技体育体能训练所需的一系列身体和心理准备。

二、技术视角的体能训练发展趋势

随着新兴技术的涌现与迭代发展，智能技术、大数据技术、5G技术等被越来越广泛地运用到体能训练之中，为体能训练的科学开展提供了坚实的技术基础。基于技术视角，可以看见新时期体能训练发展有以下趋势与表现：

（一）科技推动体能训练发展

纵观人类运动的发展历史，体能训练始终扮演着至关重要的角色。科学而有效的体能训练不仅能够深入挖掘运动员的运动潜力，还能促进其突破体能极限，达到更高的运动水平。随着全球体育的繁荣，各类体育比赛日益增多，体育竞赛的激烈化对运动员的体能素质提出了更高的要求。在这一背景下，传统的体能训练方法已逐渐不能满足现代竞技体育的需求，亟须现代科技的融入以促进体能训练的革新与发展。

当前，世界各体育强国的竞技体育训练已经形成了战术、技能、体能"三位一体"的综合训练模式。在这一模式中，体能训练不仅是战术训练与技能训练的基础，更是运动员整体竞技能力提升的关键。随着科技的不断进步，体能训练的方式方法也在不断地更新，科技的应用已经成为促进体能训练提升的重要手段。

科技在体能训练中的应用，不仅包括对训练方法的创新，还涉及训练监控、运动恢复、营养补充等多个方面。例如，通过使用先进的生物力学分析技术，可以精确评估运动员的技术动作，为其提供个性化的技术改进方案；利用可穿戴设备实时监测运动员的生理状态，可以及时调整训练计划，避免过度训练；运用营养基因组学原理，可以为运动员定制个性化的营养补充方案，提高其训练效果和比赛表现。

未来，科技与体能训练的融合将更加深入，科技的应用也将更加广泛和多元化。这不仅将为运动员提供更加科学、系统的训练方法，还将极大地提高体能训练的效率和效果。随着科技的不断发展，体能训练也将不断突破现有的局限，实现质的飞跃。

因此，新时期，我国体育界应当紧跟国际发展趋势，广泛深入地在体能训练中引入相关科技。通过科技的助力，不仅可以提升运动员的体能素质，还能增强其竞技能力，提高比赛成绩。同时，科技的应用还将推动我国体育训练理念的更新，促进体育训练方法的创新，为我国体育事业的发展注入新的活力。

（二）智能器械强化训练水平

新时期，信息技术的迅猛发展带动了智能技术与智能信息技术的显著提升。这些技术进步为体能训练领域带来了革命性的变化，特别是在智能器械的开发与应用上。智能器械作为信息技术与传统体育训练结合的产物，正推动着体能训练水平的稳步提升。

智能器械通过内置的灵敏传感器，能够实时收集运动员在训练中产生的各类身体数据。这些数据包括但不限于脉搏、心跳等关键生理指标，为教练员提供了丰富的信息资源。通过对这些数据的深入分析，教练员可以及时、准确地掌握运动员的身体状况，从而制订更为科学、合理的训练计划。

智能器械的应用，使得体能训练更加个性化和精准化。它们不仅能够实时监控运动员的训练状态，还能根据收集到的数据，运用智能算法分析运动员的运动表现，提出科学的训练建议。这种智能化的训练方式，有助于提高训练效率，减少运动损伤的风险，同时促进运动员身体机能的全面提升。

新时期，智能器械已经成为体能强化训练的重要组成部分。与传统训练方式相比，智能器械支持下的体能训练更加注重运动员的个体差异和体质状况。通过对运动员体质的深入评估，智能器械能够智能化控制训练过程，为每位运动员提供个性化的训练方案，以实现最佳的训练效果。

随着智能器械在体能训练中的广泛应用，我国已经开始建立体能大数据管理中心，以收集、分析和应用训练数据。管理中心的建立，不仅有助于提升我国体能训练的科技含量，还将为运动员的训练和比赛提供强有力的数据支持。

展望未来，智能器械在体能训练中的应用将越来越广泛，其功能也将越来越强大。随着技术的不断进步和创新，智能器械将为运动员提供更加科学、个性化的训练方案，推动我国体能训练水平向更高层次发展。通过智能器械的辅助，运动员将能够更好地发挥潜能，提高竞技水平，为我国体育事业的发展做出更大的贡献。

（三）5G技术全面覆盖

当前，我国已经迈入了5G时代的大门，5G技术的运用深刻地影响着各行各业，也影响着体能训练。我国体能训练中应广泛引入5G技术，并在基于5G技术对运动员体能素质进行深入分析的基础上，动态调整运动员的体能训练方式与计划，凭借体能训练的科学发展促进运动员的体能素质得到飞跃性提升。5G技术支持下，在体能训练中引入数字化技术、智能化技术和神经网络技术变为现实。借助数字化技术，可以将冗长烦琐、动态多变的体能训练信息转化为清晰可见的数字信息，可以为繁多的数字信息构建数据库，再依托数据库建立体能训练的数字化网络模型，进而科学分析运动员体能训练信息。借助智能化技术，可以为运动员开展体能训练提供科学的意见和个性化的服务。借助神经网络技术，可以对繁杂的体能训练信息做人脑神经元网络般的分析处理，并对信息进行抽象化的管理。5G时代，借助上述技术可以深入优化新时期体能训练的各个环节，促进体能训练质量与效益的提升。

依托5G技术，还可以为体能训练的开展提供远程可视服务、动作捕捉服务、交互性动态服务等。可以说，5G技术下我国新时期的体能训练已经迈入了历史新阶段。5G技术支持下的各种新兴技术可以为运动员体能训练的开展提供科学的指导。例如，5G技术支持下，可以依托大数据深入分析运动员的饮食情况、营养状况，为运动员提供科学的食谱，以准确补充体能素质提升所需的营养元素；5G技术支持下，可以全方位、多角度、立体化、数字化地呈现运动员体能训练中的各项信息，从而在掌握准确信息的技术上，有的放矢地对运动员的体能素质进行提升。

第三节　现代体能训练的科学基础

一、现代体能训练的生理学基础

"体能是完成任何运动项目都需要具备的基本身体素质，良好的体能不仅有助于提高运动竞技水平，而且可以预防运动过程中不必要的损伤。"[①]进行体能训练需要掌握一定的科学理论，只有这样，才能保证体能训练的科学性与合理性。

（一）生理学原理分析

体能训练中包括很多生理学原理，其中主要包括适宜负荷原理、区别对待原理和身体全面发展原理。

1. 适宜负荷原理

适宜负荷原理的核心在于在运动员适应了一定水平的运动负荷后，适时地增加负荷，以促进身体机能的进一步提升。这种超过原有负荷的新负荷，即所谓的超负荷，是实现超量恢复和提高运动能力的关键因素。

超量恢复规律和强度法则为适宜负荷原理提供了生理学基础。超量恢复规律表明，在生理允许的范围内，肌肉的活动量与其消耗过程成正比关系。当肌肉活动量增加时，其消耗也相应加剧，随之带来的超量恢复过程也更为显著。这一过程导致机体器官和系统在结构与功能上得到明显改善，体质亦随之增强。

强度法指出，在生理适应的范围内，刺激的强度越大，机体的生理反应也越明显，从而加速了对负荷的适应过程。在体能训练实践中，通过施加超出日常体力负荷的超负荷，可以激发身体机能产生积极的生理适应。这种适应属于生理适应范围内较大的负荷，有助于推动身体素质向更高的运动水平发展。

在进行适宜负荷训练时，教练员和运动员需精确评估个体的适应能力和恢复情况，以确保超负荷的施加既有效又安全。通过科学的训练计划和适当的超负荷刺激，运动员的身体机能将得到持续提升，从而在竞技体育中取得更好的

---

① 贾舒婷，贺道远．体能训练预防运动损伤研究进展 [J]．当代体育科技，2023，13（2）：50.

成绩。

此外，适宜负荷原理的运用还需考虑运动员的个体差异、训练阶段和长期发展目标，通过对训练负荷的细致调控，可以最大化地发挥超量恢复的效益，同时避免过度训练和运动损伤的风险。

2. 区别对待原理

区别对待原理强调根据锻炼者的个体差异和特点，采取差异化的训练策略，以实现最佳的锻炼效果。

从生理学的角度来看，运动刺激即身体在体育锻炼中所承受的负荷，它会引发一系列内在的生理应激反应，如血压升高、心率加快、需氧量增大等。由于生物机体的个体差异性，不同的锻炼者在面对相同运动负荷时，其生理应激反应的强度和锻炼效果也会有所差异。因此，在进行体能锻炼时，必须综合考虑锻炼者的性别、年龄、体质及身体健康状况等特征。

在体能锻炼中，应重视个体特征，并基于这些特征科学合理地选择和安排体能练习的内容、手段与方法。此外，运动负荷的安排也应根据个体的实际情况进行个性化调整，确保生理负荷处于个体生理适应范围之内。

个性化的运动负荷安排有助于保证锻炼的安全性和时效性。适量的运动负荷可以促进身体机能的适应和提升，而超出个体适应范围的负荷则可能导致运动损伤和过度疲劳。因此，合理的区别对待不仅是提升锻炼效果的关键，也是保障锻炼安全的重要措施。

在实际操作中，区别对待原理要求训练者进行细致的观察和评估，了解每位锻炼者的身体状况和运动能力，制订个性化的训练计划。同时，训练者还应根据锻炼者的反馈和进步情况，动态调整训练内容和负荷，以实现持续的、有效的训练刺激。

3. 身体全面发展原理

身体全面发展原理的核心是通过多元化的训练方法、内容和手段，促进人体各个部位、器官和系统功能的全面提升，进而实现身体素质、心理素质和运动能力的全面发展。

人体作为一个复杂的有机体，各个器官和系统各自承担着不同的生理功能，它们之间既相互联系又相互制约。这种复杂的生理网络意味着任何一个器官或系统的功能变化都可能对整体健康产生影响。因此，体能训练需要综合考虑对人体各系统的影响，避免过分强调某一部分的训练而忽视其他部分。

不同的运动项目和练习手段对身体的影响各有侧重。例如，速度训练主要针对下肢爆发力的提升，而对上肢力量的增强效果有限；耐力训练则主要提高机体的有氧代谢能力，对力量的提升作用较小。因此，为了实现身体的全面发展，体能训练应当包含多样化的练习内容和方法，确保身体的各个部位、器官和系统都能得到均衡的训练。

在实施体能训练时，教练员和运动员应根据训练目标和个人特点，设计全面且多样化的训练计划。这包括但不限于力量训练、速度训练、耐力训练、柔韧性训练和平衡训练等。通过这种综合性的训练方法，可以促进身体各系统的协调发展，提高运动员的整体运动表现。

此外，身体全面发展原理还强调对运动员心理素质的培养。心理素质的提升对于运动员在比赛中的表现至关重要，它可以帮助运动员更好地应对压力、挑战和逆境。因此，体能训练计划中也应包含心理训练的元素，如心理调节技巧、动机激励和情绪管理等。

（二）体能训练的生理学原理

体能训练是运动训练的基础组成部分，它涵盖了力量、速度、耐力和灵敏性等多个维度，旨在全面提升运动员的身体素质和运动能力。

1. 力量训练的生理学原理

肌肉力量简称肌力，指的是机体肌肉在收缩时通过肌紧张来对抗和克服阻力的能力。肌肉力量的表现形式与肌肉的三种收缩形式有关，这三种收缩形式分别为等速收缩、等张收缩和等长收缩。相应的，其对抗和克服阻力的能力则分别被称作等速肌力、等张肌力和等长肌力，这三种肌力是评价肌肉收缩功能的重要生理学指标。

2. 速度训练的生理学原理

（1）身体形态。在其他条件相同的情况下，上肢和下肢的长度与其运动速度存在正相关性。这是因为人体四肢围绕关节轴转动时，效应部位（手或脚）距离轴心越远，所产生的运动速度越大。

（2）肌纤维类型的百分比构成。肌纤维类型的百分比构成对快速运动能力有显著影响。快肌纤维在肌肉中的占比越高，个体的快速运动能力越强。在速度性项目的运动员中，快肌纤维的百分比明显高于耐力性项目运动员，这表明快肌纤维在速度表现中起着关键作用。

（3）神经系统功能特征。神经系统功能特征在快速运动中扮演着至关重要的角色。神经中枢活动的协调性有助于抑制对抗肌的消极影响，使得在快速运动时能够迅速动员所有必要的肌肉协同工作，从而发挥最高速度。运动生理学研究表明，随着运动技能熟练度的提高，神经肌肉之间的协调性以及神经过程的灵活性也会相应提高，进而动作速度与移动速度也会加快。

（4）肌肉力量。肌肉力量是影响人体加速度的关键因素。人体的加速度由肌肉力量产生，力量越大，加速度越大，相应的运动速度也越快。由于加速度与人体质量成反比，因此提高相对力量对于增加加速度尤为关键。相对力量的提升有助于肌肉在运动中克服内外部阻力，从而有利于肌肉的快速收缩，提高运动速度。

3. 耐力训练的生理学原理

（1）神经系统的调节能力。耐力素质训练可以改善神经系统的调节功能，使神经系统活动能够满足耐力运动的需要，这是耐力性项目运动员可以长期进行体育运动的生理学原因之一。为了使肌肉保持收缩与舒张的良好节奏以及内脏器官与运动器官活动的配合与协调，耐力性项目运动员的神经系统需要具有长时间保持兴奋与抑制节律性转换以及内脏中枢与运动中枢协调活动的能力。

（2）骨骼肌利用氧的能力。肌肉组织摄取和利用氧的能力是评估个体有氧耐力的关键指标。这种能力与肌纤维类型及其有氧代谢能力密切相关。在耐力性项目运动员中，肌肉的慢肌纤维百分比较高，这些慢肌纤维周围毛细血管分布密度较大，有氧氧化酶活性较高，从而赋予了运动员较强的氧摄取和利用能力。

（3）氧运输系统的功能水平。氧运输系统在决定有氧耐力水平方面起着核心作用。该系统涵盖呼吸系统、血液系统和循环系统三个关键部分，其基本功能是实现氧气、营养物质及代谢产物的高效运输。心脏的泵血功能，特别是最大心排血量，是衡量氧运输系统功能水平的另一重要指标。最大心排血量是指心脏在单位时间内能向外围肌肉组织输送的最大血流量，这直接关联到氧气的供应量。优秀的耐力性项目运动员通常具备更大的心室腔容积、更厚的心室壁和更高的心脏每搏排血量，这些特征有助于提高心脏的泵血效率。

4. 灵敏训练的生理学原理

（1）性别、体型和疲劳程度。灵敏素质与人的性别密切相关。在儿童时期，男女之间的灵敏素质基本上是没有区别的；进入青春期后，男性的灵敏素质开始逐渐优于女性；在青春期之后，男性的优势更为明显。女性在进入青春期之后，体重会开始增加，随着其有氧能力降低以及内分泌系统发生变化，其灵敏素质会在一定时期内出现较为明显的生理下降趋势。灵敏素质与人的体型也有一定的关系。通常体型瘦高的人，其灵敏性会略差；O型腿和X型腿的人，其灵敏性也会比较差。灵敏素质与人的疲劳程度有着很大的关联性。人在疲劳的情况下经常会出现动作反应迟缓、速度变慢、动作不协调和灵敏性明显降低等状况。

（2）人体感觉器官的功能。感觉器官不仅具备高度的敏感性，还展现出与特定运动项目相关的特征。在体操项目中，参与者往往展现出卓越的本体感觉和位觉能力。本体感觉，也称为运动觉，是指个体对自身身体位置、运动状态及肌肉张力的感知能力。位觉则涉及对头部位置和重力变化的感知。这些能力对于完成复杂的体操动作至关重要，因为它们帮助运动员在空间中定位身体并协调动作。

在乒乓球等球拍类项目中，参与者通常具备精确的定位能力和优秀的速度判断能力。精确的定位能力使运动员能够准确判断球的位置和运动轨迹，而优秀的速度判断能力则有助于他们预测球的速度和节奏，从而做出快速而准确的反应。

这些感觉器官有助于运动员在训练中更好地掌握和执行技术动作，增强动作的协调性和准确性。精确的定位能力和速度判断能力的增强，则能够显著提升运动员的反应速度和决策能力，这对于需要快速反应和决策的运动项目尤为重要。

（3）大脑皮质的分析综合能力。大脑皮质的分析综合能力使得个体能够在空间和时间的紧密联系中进行复杂的认知处理。在大脑皮质分析综合能力高度发展的情况下，个体能够展现出高度的灵敏素质。

人体完成动作时，肌肉产生收缩，肌梭与腱梭作为肌肉内的感受器，将产生的兴奋传入神经中枢。神经中枢的综合分析活动使人能够感知身体在空间中的位置、姿势以及身体各部位的运动情况。这种感知与视觉、触觉、位觉和内感受器相互作用，共同实现空间方位感觉的建立。

大脑皮质能够根据环境的变化调节肌肉的紧张度，但这种调节必须建立在肌肉感觉和空间方位感觉的基础之上。只有当这些条件得到满足时，个体才能够完成各种协调准确的动作。因此，肌肉感觉和空间方位感觉对于动作的准确性和协调性至关重要，它们是实现高效运动的基础。

二、现代体能训练的心理学基础

在体能训练过程中，学生产生的心理和情绪体验都涉及心理学的基本知识。

（一）动机

动机是推动个体进行各种活动的内在心理因素，它在个体行为的激发、导向和维持方面发挥着关键作用。作为一种内部动力，动机与个体的需求、念头、愿望紧密相关，对个体行为的产生和持续具有决定性的影响。

第一，动机具有激发个体活动的功能。它能够唤起个体的内在能量，促使个体从静止状态转向活动状态，开始进行某种行为。这种激发作用是动机最基本的功能之一，它为个体的行为提供了必要的启动力。

第二，动机具有导向作用。动机不仅能够启动个体的行为，还能够指引个体行为的方向。个体的动机决定了其行为的目标和目的，使个体的行为朝着特定的方向发展。这种导向作用有助于个体有效地实现目标，达成其需求和愿望。

第三，动机具有维持、调节个体活动的功能。动机能够影响个体行为的持续性和强度。当个体的动机水平高时，其行为更有可能持续进行，并且强度更大；相反，当动机水平降低时，个体的行为可能会减弱甚至停止。此外，动机还能够调节个体在不同活动之间的选择，帮助个体在面对多个目标或需求时做出决策。

1. 动机的分类

对动机进行分类有助于深入理解个体行为的内在驱动力。根据不同的标准，动机可以被划分为多种类型。

（1）按需要分类。根据需要，动机可分为生物性动机和社会性动机。生物性动机基于个体的生物性需要，如口渴和饥饿等生理需求，这些需求激发个体寻求满足其基本生理需求的行为；社会性动机则基于个体的社会性需要，如交往、成就和认同等，这些动机推动个体参与社会活动，追求社会性目标。

（2）按兴趣分类。根据个体兴趣，动机可分为直接动机和间接动机。直接动机建立于个体对活动过程本身的直接兴趣之上，如个体对运动训练本身的兴趣，这种兴趣使他们从活动中获得满足感和效能感；间接动机则建立于间接兴趣之上，指向活动的结果而非过程本身，如个体为了战胜对手而参与运动训练，即使他们对运动本身并不感兴趣。

（3）按情感分类。根据情感体验，动机可分为缺乏性动机和丰富性动机。缺乏性动机也称为"厌恶的动机"，主要特征是排除缺乏、避免威胁和规避危险。这种动机以缩减张力为目的，一旦目标实现，动机便会减弱；丰富性动机又称为"欲望的动机"，以享乐、新奇、满足和成就等欲望为特征，追求刺激和满足欲望。

2. 引起动机的条件

引起动机的条件包括内部条件和外部条件。

（1）内部条件。内部条件主要涉及个体的需要，这是引起动机的关键因素。需要反映了个体因缺乏某种东西而产生的内部紧张状态和不适感。作为一种内在的驱动力，需要激发个体产生愿望并推动其采取行动。例如，中老年人可能出于维持健康的需求而参与锻炼，而青少年则可能因为身体发展和活动的需求而进行体育锻炼。这些需要直接激发了个体的动机，促使他们参与到体能训练和锻炼活动中。

（2）外部条件。外部条件则涉及个体所处的环境因素，包括社会性与生物性的各种刺激。这些因素作为外部刺激，对个体的动机产生有着显著的影响。环境因素如社会舆论、文化背景、同伴影响等，都能够激发或改变个体的行为动机。例如，当个体处于一种强调锻炼重要性的舆论环境中，这种外部压力可能会成为促使个体产生锻炼动机的重要因素。

3. 训练动机的培养和激发

体能训练中，培养和激发训练动机的方法主要有以下三种：

（1）树立积极正确的目标。树立积极正确的目标对于激发训练动机至关重要。目标的设定直接影响动机的强度和方向。积极的目标能够引导和激励个体积极参与训练活动，而消极的目标则可能产生相反的效果。为了确保目标的积极性和正确性，需要考虑将长期和短期目标相结合，具体化和明确化目标，确保目标难度适中，以及公开训练目标和结果。

（2）满足个体的不同需求。满足个体的不同需求是培养和激发训练动机的关键。体能训练的多样性、趣味性和挑战性能够满足个体对乐趣的需求；而参与体能训练能够提高身体素质和健康水平，满足健康需求。因此，通过满足这些需求可以有效激发个体体能训练的动机。

（3）正确使用奖励手段。正确使用奖励手段也是激发训练动机的一种有效方法。奖励可以分为物质奖励和精神奖励两种形式。物质奖励适用于短期内激发训练动机，而精神奖励如表扬和微笑等，更有助于长期激发训练动机。然而，奖励手段的运用需要谨慎，以避免对个体内部动机产生不良影响。

（二）心理过程

人的心理活动从产生、发展、变化到完善这一整个过程就是心理过程，这是一个复杂且随时变化的过程。心理过程主要包括情感过程、认知过程和意志过程。

1. 情感过程

情感过程是个体在评估外部事物是否符合其内在需求时所经历的情感体验。当外部条件与个体的期望相符时，个体倾向于体验到积极的情感状态，如愉悦和满足；反之，当外部条件与个体的期望不符时，个体则可能体验到消极的情感状态，如悲伤和痛苦。在竞技体育领域，运动员的情感体验尤为复杂，因为他们经常面临胜利与失败的交替。这种情感的波动可以显著影响运动员的表现和心理状态。

肯定性质的情感，如喜悦和兴奋，能够为运动员提供额外的动力，增强其竞技能力；而否定性质的情感，如失望和沮丧，可能会对运动员产生负面影响，削弱其竞技表现。因此，对运动员而言，理解情感在运动竞赛中的作用，并学会有效管理自己的情感反应是至关重要的。这涉及在胜利时保持谦逊，在失败时保持坚韧，以及在任何情况下都维持一种积极乐观的态度。

2. 认知过程

认知过程是个体对客观世界进行认知的心理活动。该过程涉及多个心理现象，其中感知觉和思维是其核心组成部分。

（1）感知觉。感知觉是认识过程的基础，它包括感觉和知觉两个方面。

感觉是大脑对事物个别属性的直接反应，如温度、声音、色彩和气味等。知觉则是大脑对事物整体的反应，是对感觉信息的整合和解释。例如，在体育活动中，当足球作用于个体的感觉器官时，大脑会形成对足球的整体形象。感知觉的敏锐性对于运动技能的掌握至关重要，它使得个体能够感知动作的细微差别，发现并纠正错误动作，同时也有助于提高对外界刺激的反应速度。

（2）思维。思维是认识过程中更为高级的心理活动，它涉及对事物内部规律和本质属性的抽象和概括。与感知觉相比，思维能够超越具体形象，提炼出事物的核心特征。在运动技能的学习中，个体不仅需要通过练习来掌握技能，还需要通过思维来理解技能的本质规律，从而实现技能的提高和完善。

3. 意志过程

意志过程是个体在追求特定目标时对自身行为进行控制并主动克服障碍的心理活动。这种心理活动根植于认知基础之上，同时受到情感的驱动，对于提升运动表现具有重要的精神意义。

具有坚定意志的运动员展现出强大的意志品质，他们能够充分发挥主观能动性，勇敢地面对并克服在运动训练和比赛中遇到的各种挑战。这种坚强的意志力使他们能够更有效地掌握运动技能，从而在竞技中取得优异的成绩。意志过程不仅在运动技能的学习中发挥作用，同样在运动表现的维持和提升中扮演关键角色。

（三）个性心理

个性是个体在心理活动中所展现出的一系列具有倾向性和稳定性的心理特征。这些特征包括能力、性格和气质等，它们构成了个体独特的心理面貌，并在个体的行为模式中发挥着决定性的作用。

1. 性格

性格是个体在面对现实情境时所表现出的稳定态度和习惯性行为方式，它是个性结构中的一个重要组成部分。性格特征是个体之间差异性的体现，具有以下显著特点：

（1）性格是现实社会关系在个体心理层面的反映，它不仅是个体思想意识的体现，也是其行为习惯的表现。性格的形成受到社会环境、文化背景以及个体经历的共同影响，这些因素共同塑造了个体对外界刺激的反应模式和行为倾向。

（2）性格具有稳定性，但同时也具有可塑性。个体的性格特征在一定时期内相对稳定，但并非一成不变。在适当的外部条件和个体努力下，性格可以得到积极的塑造和发展。例如，在体育训练和竞赛过程中，通过有目的的训练和实践，个体可以逐步克服原有的性格弱点，培养出更加坚强和勇敢的性格特质。

2. 能力

能力是个体完成特定任务的潜在素质，它在体育活动中体现为运动员掌握技能、技巧的潜力和效率。

3. 气质

气质是指个体心理活动的动力特征，表现为个体在情感反应、活动水平和内向性或外向性等方面的稳定性差异。个体的气质类型对其行为表现具有显著影响，这些差异在不同的气质类型中得以体现。

了解和鉴定个体的气质类型对于研究其运动表现和心理适应具有重要意义。气质类型可以为运动训练提供个性化的指导依据，帮助教练和运动员根据个体的气质特点制定更为适宜的训练计划和策略。例如，某些气质类型可能更倾向于内向，表现出较高的情感敏感性和较低的冲动性，这可能影响他们在团队运动中的互动和沟通方式。而外向气质的个体可能在需要快速反应和积极互动的运动项目中表现得更为出色。

此外，气质类型的了解还有助于运动员的心理调节和情绪管理。通过识别个体的气质特征，可以采取相应的心理训练方法，帮助运动员在高压的竞技环境中保持最佳的心理状态。

第四节　现代体能训练的数字化转型

一、数字化与数字化转型的内涵

在当代社会，科技的迅猛发展带来了一场以数字技术为核心的革命。这场革命的核心在于，数字技术不仅仅是一种工具，它还重新定义了决策和工具的本质，推动了决策模式的转变。在这一过程中，人们不再仅仅依赖传统的经验决策，而是越来越多地依赖大数据和算法的数字决策。

数字化指的是在经济领域中，通过数字信息处理技术对各个领域或产品的各个环节进行全面的数字化处理。数字化经历了三个主要的发展阶段：数字化转换、数字化升级和数字化转型。

第一，数字化转换阶段，主要关注的是信息的数字化，即不改变事物的本质，而是改变其存在或存储形式，使之能够被计算机处理。

第二，数字化升级阶段，是利用数字技术来改变组织形式和业务流程，从而提高工作协同效率和资源利用效率，这一阶段的内涵是流程的数字化。

第三，数字化转型阶段，是对前两个阶段的超越，它涉及核心业务的重新定义，包括组织活动、流程、业务模式和员工能力的全面更新，这一阶段的内涵是业务的数字化。

这三个阶段之间存在一种递进的关系。从目的上来看，数字化转换旨在提升事务的处理效率，数字化升级则致力于优化事务的处理方式，而数字化转型则是为了创造全新的业务模式和竞争力。从过程的角度来看，数字化转型不仅是数字化过程的延续，还包括了其后续的影响，强调了组织如何利用技术以新的方式开展业务。这种转变特别体现在数字化、网络化和智能化的转变上，这正是新一轮科技革命的显著特征。

在这一背景下，机器学习，尤其是深度学习技术，作为新一代人工智能技术的杰出代表，正在推动智能化的进一步发展。随着信息技术的融合以及脑科学与认知科学的创新，智能化正在向更高级别的智慧化迈进，这种智慧化不仅能够快速准确地进行事实计算，还能够进行价值判断，展现出"又快又准又好"的特点。这一发展趋势预示着未来社会将在数字化、网络化和智能化的基础上，实现更加高效、智能和创新的业务模式。

二、数字化转型对现代体能训练的深远影响

在运动训练领域，训练负荷是核心要素，其长期设计、实施和科学把控是实现运动员最佳表现的关键和难点。随着数字化转型的推进，这一领域获得了新的视角和可能性。数字化转型通过利用新一代数字技术，为运动训练提供了创新的解决方案，使得训练负荷的管理更加科学、精确。

（一）推动先进技术赋能运动训练

数字化转型在运动训练领域正推动着一场深刻的范式革新。这一转型不仅

加速了竞技训练活动的创新，而且为这一复杂系统工程提供了全新的视角和工具。竞技训练活动是一个涉及人类社会、物理世界和信息空间的三元系统，而训练负荷作为核心刺激，通过生成的多源数据将这三元紧密融合。

大数据驱动的测试评估与预测以及基于数据模型的反馈机制，已经成为运动训练不可或缺的一部分。这些模型通常由竞技能力或与训练负荷相关的多源变量构成，它们为训练提供了精准的指导和反馈。

数字化转型通过将运动训练实践实时映射到数字世界，利用数据、算力和算法对训练中的复杂问题进行状态描述、原因分析、结果预测和科学决策。这一过程不仅最小化了运动损伤，还优化了训练适应，为组织训练提供了科学、实时和个性化的可能。其基本流程包括训练实践数据采集、训练过程信息识别、实践问题提取和求解以及训练决策制定。这一流程围绕训练负荷实施的计算整合，实现了对运动训练实践的深入认知和有效操控。

当前，人工智能在运动训练模式中的应用逐渐受到计算科学、信息科学等专业学者的青睐。例如，通过传感器采集运动员的生理和环境数据，采用算法实时识别和监控训练强度，实现了个性化训练的高识别率。

（二）提升运动训练的智能化水平

在新型基础设施建设（简称"新基建"）的推动下，数字化转型为运动训练领域带来了前所未有的机遇，显著提升了运动训练的智能化水平。新基建，以新发展理念为引领，技术创新为驱动，信息网络为基础，旨在满足高质量发展的需求，为各行各业提供数字化转型和智能升级的基础设施。

在此背景下，人工智能作为国家战略的重要组成部分，为运动训练的数字化转型和智能化升级提供了强有力的支撑。抓住人工智能赋能新基建的机遇，形成创新驱动的运动训练模式，成为提升竞技体育国际竞争力的新动能。

大型体育赛事作为新技术应用的试炼场，为人工智能与5G、云计算、大数据、物联网等领域的深度融合提供了理想的应用场景。5G技术的应用将大幅提升远程控制中心的实时训练监控、现场分析反馈和虚实结合训练的数据传输速度。物联网技术通过物与物、物与人的泛在连接，实现了对运动员机体、训练环境、任务约束和训练过程的智能化感知、诊断和调控。

在此基础上，良好的体育科技生态将促进工业和学术研究之间更紧密的联系，以运动训练为载体，将经济学和工程学结合起来，有望开展更多跨学科、整体性的研究。此外，还可以进一步形成多学科专家、政府、企业、社会组织乃至公众等多方利益相关者共同参与的组织建制，共同推动运动训练领域的创新发展。

（三）促进复合型训练团队的升级

数字化转型在运动训练领域中，正促进着复合型训练团队的裂变升级，为现代运动训练的高质量发展提供了重要的技术支撑。国际经验表明，复合型训练团队是实现这一目标的关键因素。在数字化转型的背景下，团队的群智交互行为与数据模型相结合，有望实现团队能力的质的飞跃。

在传统训练方式中，教练往往需要兼顾运动训练的全过程和全要素，但随着对影响运动员训练质量和运动表现因素认识的不断深化，需要考虑的细节变得愈发庞杂和专精。而教练的能力和精力有限，传统方式很难为创造性训练工作留出空间。此外，教练在专项训练和比赛中的主观观察普遍存在认知偏差，需要借助新理论方法与新技术手段来提质增效。

为了摆脱现有问题，需要借助团队协作、全员协同以及平台与生态的支持，通过数字化与可视化手段，将信息高度浓缩，为教练提供训练参赛决策的参考，从而实现从传统个体经验决策向群智交互的智能辅助决策转变。

数字化智能分析平台能够将团队成员关注的不同学科、机制、变量和话语体系进行融合优化，创造新价值。例如，运用机器学习算法对数据进行回归、分类、聚类、关联分析、降维等，将训练样本学习获得的知识推广到未见样本，进行个性化预测或判别。

建立复合型训练团队平台，并实现标准化的行业规范与流程，全面实现数据驱动、软件定义、平台支撑、智能主导、价值共创的新格局，将充分调动运动员、教练员、科研人员、管理人员的积极性。团队成员可以将各自关注的侧重点以数字化形式聚焦于运动训练的靶点问题，涌现出个性化、多样化的训练方案。

构建一个共生、利他的复合型训练生态系统，是构建创新驱动的、富于自我净化生命力的复合型团队组织的关键。这样的生态系统能够提供链接全球最优质的、个性化的训练服务资源，形成高端数字平台，为运动训练领域带来持续的创新和发展。

第二章
现代体能身体素质训练

第一节　现代体能力量素质训练

一、现代力量素质训练的内容

1. 肩部力量

（1）胸前推举。

方法：两手持铃，将杠铃翻起至胸部位置，随后迅速将杠铃上推过头顶，再屈臂将杠铃慢慢放回至胸部，重复进行此动作。

作用：主要锻炼三角肌的前束和中部以及斜方肌上部、前锯肌和肱三头肌的力量。

（2）颈后推举。

方法：站直身体，打开肩膀，双手持铃向后将杠铃举起。接着，将杠铃置于脖子后方，确保手臂伸直，重复进行此动作。此外，可以选择坐着进行此动作，或者使用宽握或窄握的方式。

作用：与胸前推举相似，但更多地强调三角肌的后束以及斜方肌中部的锻炼。

（3）翻铃坐推。

方法：坐于训练凳上，双手同时握住身体前方的杠铃。首先，将杠铃降低至胸部位置。接着，用双手将杠铃举起至稍微超过头顶的位置。然后，将杠铃轻轻置于脖子后方，再从脖子后方、头后方向前推出，最后慢慢将杠铃放回至身体前方的下胸位置。

作用：主要锻炼三角肌的前束、中束和后束以及斜方肌的力量。

2．前臂力量

前臂力量训练主要采用少组数（3～5组）、多次数（16次以上）、组与组之间间歇很短的练习方法。

（1）腕屈伸。

方法：身体直立，两手反握或正握杠铃做腕屈伸，前臂固定在膝上或凳子上，腕屈伸至最高点，稍停顿，再还原。

作用：主要发展手腕和前臂屈手肌群和伸手肌群力量。

（2）旋腕练习。

方法：身体直立，两臂前平举，反握或正握横杠，用屈腕和伸腕力量卷起重物。

作用：主要发展前臂屈手肌群和伸手肌群力量。

3．上臂力量

（1）颈后臂屈伸。

方法：身体直立，两臂上举反握杠铃（也可正握，但反握比正握效果好），握距同肩宽，做颈后臂屈伸动作。

作用：主要发展肱三头肌力量。

（2）弯举。

方法：身体直立，反握杠铃，握距同肩宽，屈前臂将杠铃举至胸前。可坐着练习，也可用哑铃等器械练习。

作用：主要发展肱二头肌、肱肌、肱桡肌等力量。此外，也可采用仰卧弯举、肘固定弯举、斜板哑铃弯举进行练习。

（3）双臂屈伸。

方法：不负重或脚上挂重物，捆上沙护腿、穿上沙衣等，在间距较窄的双杠上做双臂屈伸。

作用：主要发展肱三头肌、胸大肌、背阔肌力量。

4．腹部力量

（1）仰卧起坐。

方法：仰卧于凳上或斜板上，两足固定，两手交叉放于脑后，然后屈上体坐起，再还原至起始位置，反复进行此动作。

作用：主要锻炼腹直肌和髂腰肌的力量，有助于增强腹部肌肉。

（2）半仰卧起坐。

方法：躺在地板上或训练垫上，双手可握住哑铃置于脑后（若需增加难度）。弯曲膝盖并抬起双腿，同时上半身向前向上滚动。练习时请注意，上半身抬起时，下背部和臀部应紧贴地板或训练垫，避免抬起。深吸一口气，在动作顶点时呼气，两次收缩之间暂停约2秒。此外，为了增加训练强度，可以将哑铃的重量置于上胸部。

作用：主要锻炼腹直肌上部和髂腰肌的力量，有助于增强腹部肌肉的上部区域。

（3）仰卧举腿。

方法：仰卧在斜板上，两手置于身体两侧并握住斜板以保持身体稳定，然后两腿伸直或稍屈向上举至与地面垂直或超过垂直位置。

作用：主要锻炼腹直肌下部和髂腰肌的力量，有助于增强腹部肌肉的下部区域。

5. 全身力量

（1）窄上拉。

方法：站立时双脚与肩同宽。在单杠附近，双臂放松与肩同宽，然后深蹲，并在杠铃抬高到大腿中部和小腿中部时保持胸部和腰部挺直。随后，整个人用力站起，臀部、双腿伸直，脚后跟蹬地，手肘抬起。

作用：主要发展竖脊肌、斜方肌、前锯肌、臀大肌、股二头肌、半腱肌、半膜肌、大收肌、股四头肌、三角肌、肱肌、小腿三头肌以及屈足肌群的力量。

（2）高抓。

方法：高抓技术由四个部分组成，即准备、提铃、发力和蹲下支撑。首先进行准备，然后举起杠铃，拉到与肩同宽的位置。在发力阶段，肘部向上，杠铃随之上移，腿部则协同发力。在蹲下支撑阶段，身体下降，杠铃置于头顶上方，同时摆动前臂，肘部形成支撑。

作用：主要发展伸膝、伸髋、伸展躯干及肩带肌群的力量，并能有效地发展爆发力。

（3）箭步抓。

方法：预备姿势、提铃，发力部分与高抓相同。在发力即将结束时，做前后箭步分腿，同时，将杠铃提拉过头顶，伸直两臂做锁肩支撑。

作用：与高抓作用相似，并能有效发展爆发力。

（4）挺举。

方法：挺举由两部分组成，即提铃至胸前和推举。深蹲技术通常用于将杠铃举到胸部。整个动作包括准备、举铃、发力推举、蹲起和起立。深蹲时，当杠铃升高到腰带高度时，双腿主动向两侧伸展。膝盖弯曲，同时肘部弯曲，以肩膀为"轴"旋转，将杠铃抬至胸部，靠在锁骨和肩膀上。

作用：提铃部分主要发展各相应部位的肌肉，同时也会发展全身协调用力的能力和爆发力。

（5）高翻。

方法：将杠铃从地面提至胸部，提铃至胸时下蹲高度为半蹲，其他要领基本同挺举下蹲翻。

作用：主要发展各相应部位的肌肉，同时也会发展全身协调用力的能力和爆发力。

（6）箭步翻。

方法：与挺举的基本动作相同，但在提铃至胸后，做前后箭步分腿，同时杠铃绕胸部旋转。先伸直前腿，然后拉半步，再向前拉后腿。

作用：主要发展各相应部位的肌肉，同时也会发展全身协调用力的能力和爆发力。

（7）高翻借力推。

方法：使用高翻技术将杠铃抬到胸前。然后坐下，再用力将杠铃推至手臂正上方的位置。在推举过程中，要求杠铃贴近脸部，收紧胸部和腰部。这个练习也可以在颈后或训练凳上进行。

作用：此练习若在练习架上做，则主要发展上肢力量，作用与上挺部分相似；若从提铃至胸后再做这个练习，作用基本同挺举。

二、现代力量训练方法的分类

（一）向心性力量训练

向心性力量训练又称为动力性的克制收缩练习，是指肌肉从拉长的状态中缩短以克服阻力并完成动作。这一方法最显著的特征是动作快速、功率较大，能有效地提高肌肉力量、速度和肌肉耐力。

1. 前蹲举

练习目的：锻炼臀大肌、半膜肌、半腱肌、股二头肌、股外侧肌、股中间肌、股内侧肌和股直肌。

（1）起始姿势：运动员立于杠前，双脚平行站立；将杠铃扛在肩上；伸膝举杠。

（2）向下运动阶段：运动员保持背部平整直立，逐渐将肘部抬起，挺胸并充分扩胸；以较慢的速度屈髋、屈膝，同时使躯干和地面始终保持着一个不变的角度；保持脚跟在地面上，膝部位于脚正上方；继续屈髋、屈膝直到大腿与地面平行，切勿躯干变圆或前屈，或脚后跟离地。

（3）向上运动阶段：运动员保持背部平整直立，将肘部逐渐抬高，挺胸并充分扩胸；保持相同的速度伸髋、伸膝（保持躯干与地面的角度固定）；保持脚跟在地面上，膝部在脚的正上方，躯干不要前屈或变圆；继续伸展颈部与膝部回到起始姿势，完成一组动作。

2. 后蹲举

练习目的：锻炼臀大肌、半膜肌、半腱肌、股二头肌、股外侧肌、股中间肌、股内侧肌和股直肌。

（1）起始姿势：以闭锁式正握抓杠（握宽取决于杠的位置），双脚与肩同宽；将杠置于上背部和肩部。

（2）向下运动阶段：保持背部挺直、肘关节抬高，挺胸并充分打开的姿势；在保持躯干与地面角度固定的情况下，缓慢地屈腰、屈膝；保持脚跟在地面上，膝关节不要超过脚尖；持续屈髋、屈膝直到大腿与地面平行，切勿躯干变圆或前屈，或脚后跟离开地面。

（3）向上运动阶段：保持背部平直，抬高臀部，挺胸并充分打开；以相同速率伸髋、伸膝（保持躯干与地面角度固定）；保持脚后跟在地面上，膝部在脚的正上方；切勿躯干前屈或变圆；继续伸颈、伸膝直到起始姿势为一组动作完成。

3. 直腿硬拉

练习目的：锻炼臀大肌、半膜肌、半腱肌、股二头肌、股外侧肌、股中间肌、股内侧肌和股直肌。

（1）起始姿势：当从地面上拉起杠铃做完硬拉练习之后，膝关节处于轻度或中度弯曲，在整个练习中把此姿势作为起始姿势，所有重复动作均由此姿势开始。

（2）向下运动阶段：开始练习要保持躯干平直，然后躯干髋部向前弯曲，把杠铃轻轻地放至地面，整个过程是能够控制的；在下降过程中，膝关节应当保持轻度或者中度的弯曲，背部平直或轻度拱起，肘关节完全伸直，降低杠铃直到杠铃片触地。此时，背部无法保持平直状态，膝关节彻底伸直或者脚后跟脱离地面。

（3）向上运动阶段：躯干在髋部后伸，回到起始位置，保持膝部微屈，背部平直。不要靠躯干向后借力或屈肘。

4．站姿划船

练习目的：锻炼三角肌、斜方肌的上部。

（1）起始姿势：以闭锁式正握抓杠，握距略窄或等于肩宽；垂直站立，两脚与肩同宽，膝部微屈；杠铃静止处于大腿前方，杠端指向两旁，两肘关节完全伸展。

（2）向上运动阶段：沿腹部与胸部，提铃至下颌，在杠铃向上运动的过程中，肘关节始终朝向两侧，同时维持躯干和膝关节的位置不变，一定要避免发生踮脚尖或者向上摆杠的情况。当杠铃处于最高处时，肘关节和肩部、腕部保持同等的高度或者略微高于后者。

（3）向下运动阶段：让杠铃保持较慢的速度降低回到起始姿势，保持躯干和膝部的姿势不变。

5．侧向提肩

练习目的：锻炼三角肌。

（1）起始姿势：以闭锁式中间位握住哑铃；双脚和肩部或者髋部保持同等宽度，膝部略微弯曲，垂直站立，双眼目视前方；把哑铃置于大腿两侧，掌心相对，保持肘关节微屈。

（2）向上移动阶段：向两侧上方将哑铃逐渐举起，肘部和上臂同时向上移动，上身保持直挺，膝关节略微弯曲，双脚平稳站立，一定要避免随意晃动身体或向上摆动哑铃，将哑铃上举到上臂与地面平行或与肩同高。

（3）向下移动阶段：使哑铃缓慢下降回到起始姿势，保持躯干直立，膝部微屈。

6. 站位下拉

练习目的：锻炼肱三头肌。

（1）开始姿势：采用闭锁式正握方式抓握杠铃，抓握距离控制在15～30厘米之间，两脚开立与肩同宽，膝部微屈以保持垂直站立姿势。接下来，将器械的缆绳直线下拉，确保稳定地抓住杠铃。随后，下拉杠铃至上臂贴近躯干旁侧，弯曲手肘使前臂平行于地面或略高。所有的后续动作都将从这个起始位置开始。

（2）向下移动阶段：在此阶段，需要将横杠继续下拉，直至手肘完全伸展。在整个过程中，务必保持躯干的垂直状态，上臂保持固定，避免用力锁死手肘，以免损伤关节。

（3）向上移动阶段：当完成向下移动后，开始向上移动阶段。在此阶段，需要让手肘慢慢地弯曲，使前臂逐渐回归至开始时的平行于地面或略高的位置。在整个过程中，保持躯干、手臂和膝部的姿势不变。完成一组动作后，将横杠缓慢移回起始位置，准备进行下一组练习。

7. 水平杠铃卧推

练习目的：锻炼胸大肌、三角肌前部和肱三头肌。

（1）起始姿势：水平仰卧在长凳上，身体与凳子及地面保证"五点"接触；身体在凳子上的位置调整到眼睛正好在支架下方；双手闭锁式正握抓杠，握距略宽于肩；将杠铃由支架取下时，肘关节伸直，保持杠铃位于胸部上方；每次重复均由此位置开始。

（2）向下运动阶段：向下移动杠铃，接近胸部位置，手腕要牢固，前臂与地面平行，两侧前臂平行，保持身体和器械与地面"五点"接触。

（3）向上运动阶段：向上推杠，直到肘关节完全伸直；手腕紧张、固定，两侧前臂平行，并与地面平行，保持"五点"接触；不要躬腰或挺胸迎杠。

8. 屈膝仰卧起坐

练习目的：锻炼腹直肌。

（1）练习起始姿势：仰卧在垫上，屈膝，脚后跟靠近臀部，双臂交叉于胸前或腹前。每次动作的开始位置相同。

（2）向上运动阶段：屈颈、下颌靠近胸部，保持双脚、臀部及腰部平稳地贴在地面上，向大腿方向弯曲躯干直到后背离开垫子。

（3）向下运动阶段：打开弯曲的躯干，颈部伸展，回到起始姿势；保持脚、臀部、腰部、手臂姿势不变。

9. 坐姿肩上推举

练习目的：锻炼三角肌的前部和中部、肱三头肌。

（1）起始姿势：坐下且背部倾斜保持"五点"身体接触，采用闭锁式正握把手；把手与肩部顶端成一直线，必要的话调整座椅高度，以便与把手位置相吻合。

（2）向上移动阶段：往上推把手直到手肘完全伸展；保持"五点"身体接触；切勿弓起后背或用力锁肘。

（3）向下移动阶段：肘关节缓慢弯曲降低把手到起始姿势。

（二）离心性力量训练

离心性力量是指肌肉在退让工作中表现出来的力量。同一肌群的最大离心收缩力量是向心收缩的1.4～2倍，平均在1.5倍。每块肌肉力量训练的方式具有差异，此处主要探讨较为常见的肌肉离心性力量训练方式。

1. 慢速训练法

慢速训练法是一种较为特别的外部负荷方法。这种方法采用快速上慢速下放或者在离心时期重点刺激的方式。当加大训练刺激时，拉伸会造成肌肉出现变化，从而强化肌肉的力量、作用。例如坐姿肩上推举，训练步骤如下：

（1）双手紧握哑铃，接着将哑铃举过双肩；上臂位于躯干两侧；用1秒的时间将哑铃往上推，直到双臂完全伸直。

（2）利用3～4秒慢速平稳地将双臂慢慢下放到身体的两侧，在离心阶段重点刺激肌肉。继续使用这一慢速离心训练技术重复练习。

2. 双起单下技术训练法

（1）双侧交替技术训练法。运动员一般使用常用重量的40%～50%进行特定肌肉的练习，随着运动员对这一训练方法愈发熟练，可使用任何自身能够负担的重量完成训练。例如，一名运动员一般可以完成10RM的150磅45°蹬腿练习（在45°蹬腿架器械上），这意味着运动员可以完成10次150磅重复运动。那么在练习双起/单下方法时，运动员一开始应使用40%～50%的重量进行训练。

运动员在练习双侧交替技术时，可以通过双脚施展向心蹬腿动作，之后再通过单腿收回动作。运动员重复训练双腿向心蹬腿，之后再运用另一侧腿重复练习收回动作。整个过程称为双起/单下双侧交替方法。

在训练过程中，需要让运动员1秒完成向心蹬腿动作，并在3~4秒的时间里完成单腿收回动作。

（2）同侧技术训练法。运动员选择重量同第一种训练法（训练动作同上）。在练习双侧交替技术时，运动员可以用双脚完成向心蹬腿动作，接着再使用单腿收回动作。运动员可以重复练习双腿向心蹬腿，接着使用同侧腿重复收回动作。在达到要求次数后，换成另外一侧腿重复训练，整个过程称为双起/单下同侧交替方法。

在训练过程中，需要让运动员1秒完成向心蹬腿动作，并在3~4秒的时间里完成单腿收回动作。

3. 超负荷训练法

为了充分发展力量，必须合理地刺激人体，从而使骨骼和肌肉能够有效应对全新的挑战。例如水平杠铃卧推（动作要点可参考向心力量训练的相关资料），其训练步骤如下：

（1）选择运动员常用的力量负荷。假设该运动员能以100千克完成10次卧推，但无法完成11次。在初始阶段，可以选择运动员经常训练重量的105%，即105千克。

（2）采用慢速离心训练的方法，运动员首先以较快的速度（如1秒）完成向心动作，将杠铃推起至胸部以上位置，然后缓慢地（如3~4秒）完成离心动作，使杠铃下降到起始位置。

（3）随着运动员能力的提升，可以逐渐增加最大负重（如增加到107%、110%等，甚至达到125%）。每次增加负荷量时，都应确保运动员能够安全、有效地完成预定次数的动作。

由于超负荷离心训练法需要承受的负荷量较大，运动员在训练时必须采取完备的保护措施，特别是在执行向心动作和离心动作阶段，都要确保动作的稳定性和安全性。

（三）静力性力量训练

作为发展力量的一种方法，静力练习又被称为等长练习。运动员在开展静力性力量训练时，其肢体必须维持一定姿势，而为了抵御外界的阻力，工作肌在不缩短或者无法缩短的状况下形成了最大张力或者相关张力，但肌肉的长度却不出现任何的变化。

静力性力量训练的方法有很多种，此处主要从四种情况来讨论静力性力量训练的方法：①通过增减支撑点的数量来增减静力性力量训练的难度；②通过改变力矩来增减静力性力量训练的难度；③通过改变支撑面来增减静力性力量训练的难度；④通过增减外加阻力来增减静力性力量训练的难度。

1. 腹桥训练法

练习目的：发展核心肌群的力量与稳定性。

动作要点：起始状态，运动员俯卧于垫子上，双肘垂直支撑于胸部正下方，双脚彼此分开和肩部保持同等宽度，前脚掌支撑，眼睛目视地面，头部、肩部、髋部与踝部控制在一个平面内，身体始终保持静止。

注意事项：在规定的时间范围内调整身体姿势，确保动作的品质，有意识地调节呼吸。

2. 臀桥训练法

练习目的：发展核心肌群的力量与稳定性。

动作要点：仰卧于垫上，双腿屈膝，双脚撑于地面上，双臂自然垂放于体侧。向上顶髋，肩部、躯干、膝部处于同一平面上。

注意事项：在规定的时间范围内调整身体姿势，并调整呼吸。

3. 侧桥训练法

练习目的：发展核心肌群的力量与稳定性（脊柱的抗侧屈）。

动作要点：身体呈直线侧卧于地板上，左手放于躯干正下方，双脚并拢，左肘屈肘成90°撑起躯干，双腿伸直。完成动作至规定时间，回到起始姿势，对侧相同。

注意事项：撑起躯干时，腹肌收紧，收下颌，伸髋，使躯干保持直线姿势，躯干、支撑手臂与双腿几者呈直线。

（四）快速伸缩复合训练

快速伸缩复合训练指的是在最短的时间范围内让肌肉表现出最大的力量，

它是速度与力量的结合体，这种速度力量能力即爆发力。

1. 多边形跳跃

练习目的：提高下肢快速伸缩复合能力与神经肌肉控制能力。

动作要点：正向站立在由栏架摆放的规则图形里，身体保持直立状态；沿着既定路线不断跳进或跳出，身体一直面向一个方向；膝关节略微弯曲缓冲落地。

注意事项：以侧向或者背向的方式进行跳跃时，应当注意保持与把控身体姿势。

2. 药球弹床卷腹

练习目的：发展腹部肌群爆发力、动力传导能力、上肢传导能力、上肢离心收缩能力和神经肌肉的协调能力。

动作要点：双手拿着药球，仰卧于弹床；直臂卷腹爆发用力将药球砸向弹床；克制弹床回弹能力回到屈肘持球姿势，循环进行。卷腹抛球—回弹制动—卷腹抛球阶段转换迅速，形成拉长—缩短周期循环。

注意事项：保持屈膝姿势，臂部、双脚不能离地。

3. 跪姿药球弹床侧抛

练习目的：提高旋转爆发力、动力传导能力、腹外斜肌离心收缩能力和核心区稳定能力。

动作要点：双手持药球，侧跪于弹床；躯干旋转爆发用力将药球砸向弹床；克服弹床回弹能力，回到初始动作，循环进行。旋转—制动—旋转阶段转换迅速，形成拉长—缩短周期循环。

注意事项：保持屈肘姿势，避免上肢使用力气。

4. 高台俯卧撑击掌

练习目的：发展上肢肌群力量。

动作要点：脚搭放于高台上，做出俯卧撑的姿势，在伸肘时迅速投入力量，推起身体，在瞬间击掌以后立即做回屈肘的姿势，并重复施展之前的动作。

注意事项：初学者可以不加高台或膝关节着地做俯卧撑速推。

5. 跳深后跳向第二跳箱

练习目的：提高下肢爆发力与神经肌肉控制能力。

动作要点：站立于跳箱上，形成舒展、灵活的站立姿势，两脚分开和肩部保持同等宽度，面对另外一个跳箱，脚尖临近跳箱前端；双臂摆动，两脚跨出箱面，双脚落地；落地之后立即跳上另一跳箱。

注意事项：当跨出箱面时，避免向下走或向上跳，否则将会导致练习高度出现变化。最大限度上缩减接触地面的时间，提升跳箱的高度，能够有效增大强度。

第二节　现代体能速度素质训练

"力量素质与速度素质是衡量运动员竞技水平的重要标准，也是运动员运动能力的两大组成部分。"[①]速度素质是指人体或人体的某些部位快速运动的能力。在人体与器械整体运动中，速度是指人体—器械整体快速运动的能力。速度能力包括快速移动能力、快速完成动作能力和快速反应能力，即所谓的移动速度、动作速度和反应速度。

速度素质是个体神经—肌肉支配系统反应的灵活性、反应时、肌肉收缩速度等综合能力的体现。速度素质是指以最短时间通过一定距离的能力、以最短时间完成一定幅度动作的能力、神经冲动以最短时间通过反射弧的能力。

现代速度素质训练的内容主要包括：

一、反应速度

1. 反应速度训练的原理

反应速度是指个体运动员的听觉、视觉、触觉、动觉对各种信号刺激的反应时间，即反应时。这种能力取决于神经传递反射弧的灵敏性。机体的感受器感受到刺激时，信号由感觉神经元传入中枢神经，由中枢神经发出指令，经运动神经元传出至效应器，肌肉收缩产生动作，这一神经—肌肉反射过程的快慢决定了反应速度的快慢。短跑运动员起跑时蹬离起跑器的时间长短，取决于运动员听到发令枪声后"推手"和"蹬腿"的反应时长短。优秀短跑运动员的起跑时间为0.15秒左右。球类项目的运动员的反应时取决于视觉反应时和动觉

---

① 曹喆涵，DUNCAN F，LORENA T.运动员力量素质与速度素质的相关性 [J].中国体育教练员，2023，31（03）：11.

反应时。如乒乓球运动员能在0.15～0.18秒时间内"看"到对手的发球并迅速做出回球的动作反应。在特殊情况下，如既盲又聋的运动员，反应时取决于触觉等感觉的反应。反应速度的训练主要是充分挖掘遗传潜力、熟练掌握技术动作、集中注意力及改善专项反应时。

2. 反应速度训练的方法

（1）听信号起动加速跑。在慢跑中听到信号后突然起动加速跑10～15米，重复8～10次。

（2）小步跑，高抬腿跑，听信号后加速跑。原地小步跑、高抬腿跑，听到信号后突然加速跑15～20米，重复进行。

（3）俯卧撑听信号跑。俯卧撑听信号后突然起跑10～15米，重复进行。

（4）听信号转身起跑。背对前进方向，听到信号后迅速转身180°，起动加速跑10～15米，重复进行。

（5）听枪声起跑。站立式或蹲踞式，听枪声后起跑20～30米，重复3～5组，每组3～6次，强度为90%～95%。

（6）反复突变练习。练习者须根据各种信号，迅速做出上步、退步、滑步、交叉步、转身、急停等动作。

（7）利用电子反应器进行训练。练习者依据不同的信号，用手或脚压电扣，以计算反应时间。

（8）两人对拍。两人面向站立，听到信号后迅速用手拍击对方的背部。在规定时间内，拍击次数多者为胜。

（9）反应起跳训练。练习者围圈站立，圈内1～2人站在圆心，手持小树枝或小竹竿。持竿人持竿画圆，当竿经过谁脚下时，该人需迅速起跳。若被竿打到，则需进圈换人，持竿人可突然改变方向。

（10）"猎人"与"野鸭"游戏。若干"猎人"围圈而立，站在画好的圈内。1～2名"猎人"手持皮球击打圈内的"野鸭"（"野鸭"数量为"猎人"的1/3）。"野鸭"被击中后需与"猎人"互换角色。

（11）找伙伴游戏。练习者绕圈慢跑，听到"三人"或"五人"等口令后，练习者须立即组成规定人数的"伙伴"小组。不符合规定人数的为失败组，失败组需接受俯卧撑、高抬腿等惩罚性练习。

（12）追逐游戏。两队相距2米站立，分为单数队和双数队。听到"单数"口令时，单数队跑，双数队追；听到"双数"口令时，则双数队跑，单数队追。在20米内追上对方为胜。

（13）起动追拍训练。两人一组，前后距离为2~3米慢跑。听到信号后，两人开始加速跑，后者需追上前者并用手拍对方的背部。在20米内追上对方为胜。

二、动作速度

1. 动作速度训练的原理

动作速度是指在单位时间内完成动作的多少。它包括完成整套动作的速度、单个动作的速度和动作速率。在体育运动中，整套动作指的是一次完成的连贯动作，例如掷标枪的"最后用力"动作。这个动作从投掷臂一侧脚着地的"转蹬"开始，经过另侧脚着地完成"满弓"形，再到"转髋"—"转肩"—"鞭打"—"出手"结束，构成一个完整的动作序列。"最后用力"过程的动作速度指的是整套动作的平均速度。实际上，整套动作的速度是加速度，特别是"鞭打"动作，它是一个连贯的动量传递和逐渐加速的过程。

单个动作的速度是指在整套动作中完成某一特定动作或动作环节的速度，例如"鞭打"动作的速度或"出手"的速度。动作速率则是指动作的频率，也就是单位时间内完成动作的次数。

动作速度的大小取决于神经—肌肉系统的调节、肌肉收缩的速度以及相对力量和速度力量的大小。它还取决于肌肉工作的协调性和技术动作的熟练程度。从力学角度来看，动作速度包括动作的平均速度、瞬时速度、加速度以及角速度和角加速度。

在跳远中，起跳速度是平均速度，而腾空初速度是瞬时速度，同时也是加速度。平均速度与瞬时速度是相对的概念，瞬时速度是某一特定时刻的平均速度，它取决于动作时相的选择。

在有支撑和无支撑的旋转运动中，动作速度体现为角速度和角加速度。例如，在掷铁饼这一有支撑的旋转运动中，运动员在持饼三周旋转过程中，角速度逐周增加，至铁饼出手瞬间，由于旋转运动的突然停止，角加速度变为线加速度，使铁饼沿斜直线飞出。

自由式滑雪空中技巧包含了有支撑和无支撑的旋转运动。尽管规则规定在跳台上的转动会被扣分，但运动员空中无支撑转动的动力实际上来源于台面的支撑转动。这首先是由于不对称摆臂引起的转动，其次是通过改变沿身体横轴和纵轴的转动半径，使纵轴转动的角速度增加，从而精确完成空中的多周转体运动。

2. 动作速度训练的方法

（1）听口令或节拍器摆臂。两脚前后开立或呈弓箭步，听口令或节拍器快速前后摆臂15～30秒，重复2～3组。

（2）原地快速高抬腿或支撑高抬腿。站立或身体前倾支撑肋木快速高抬腿10～30秒，重复4～6组。

（3）仰卧高抬腿。仰卧快速高抬腿10～30秒，也可以拉橡皮条。

（4）悬垂高抬腿。手握单杠悬垂，两腿快速交替做高抬腿动作，重复2～4组，每组20～50次。

（5）快速小步跑。重复3～5组，每组15～30米，最高频率，强调踝关节屈伸当中的连贯性和协调性。

（6）快速小步跑转高抬腿跑。快速小步跑5～10米，身体前倾转快速高抬腿跑20～30米，重复4～6组。

（7）快速小步跑转高抬腿转加速跑。小步跑10米转高抬腿跑10米转加速跑10～20米。

（8）高抬腿跑转加速跑。快速高抬腿跑10～15米转加速跑20米。

（9）高抬腿跑转车轮跑。高抬腿跑10米转车轮跑15米，重复2～4组，每组4～10次。

（10）快节奏高抬腿跑。高抬腿慢跑，听信号后加快节奏以最快频率跑10～15米。

（11）踏步长标记高频跑。在跑道上画好步长标记，在行进间听信号踏标记高频快跑15～20米，重复2～4组，每组4～6次。

（12）跨跳接跑台阶。跨步跳，听信号后快速跑台阶，要求逐个台阶跑，步频最高，如台阶固定可以计时跑，重复4～6组，每组6～8次。

（13）跨栏跑。5～6副栏架，栏间距短于标准栏间距1～2米，要求栏间跑加快频率，讲究动作节奏，重复2～4组，每组4～6次。

（14）听节拍器或击掌助跑起跳。短程助跑，听信号加快最后三步助跑和快速起跳，重复2～4组，每组8～12次。

（15）侧跳台阶。练习者侧对台阶站立，进行侧跳台阶练习，两腿交替进行，重复2~3组，每组6~8次。

（16）左右腿交叉跳。练习者站在一条线上，沿着线两腿向左右两侧方向进行交叉跳。在交叉跳时，大腿须高抬，快速转动髋部，并逐渐加快动作速度，重复4~6组，每组20~30米。

（17）上步、交叉步、滑步或旋转投掷轻重量的器械。铅球、铁饼、标枪等投掷项目运动员在发展专项动作速度时，常采用"最后用力"技术投掷较轻重量的器械。

（18）纵跳转体。进行原地纵跳，并在空中完成180°或360°的转体，连续跳10~20次。

（19）跳抓吊绳转体。练习者助跑后跳起，双手抓住吊绳，随后进行后仰收腹举腿的动作，在空中完成180°的转体后跳下，重复10~15次。

（20）快速挥臂拍击沙袋。在原地或跳起时，快速挥臂拍击高悬的沙袋，重复3~5组，每组30次。

（21）转身起跳击球。吊球距离地面约3米，练习者原地起跳用手击吊球后在空中完成180°的转体并落地。接着再次转身起跳击球，重复3~5组，每组5~10次。

（22）快速挥臂击球。在原地或跳起时，挥臂击高吊的排球，连续击打，动作速度要快，并有鞭打动作，重复2~4组，每组20~30次。

（23）起跳侧倒垫球。在排球网前站立，听到信号后双脚起跳摸网上高物，落地后迅速垫起教练抛来的排球，重复3~4组，每组10~15次。

（24）两侧移动。设置两个高度为120厘米的物体，两物体相距3米，练习者站在两物体中间进行左右移动。用右手触摸左侧物体，用左手触摸右侧物体，记录30秒内触摸物体的次数，并重复3~4次。

（25）对墙踢球。距墙4~6米站立，以脚内侧或正足背连续接踢从墙壁反弹回来的球，重复3~5组，每组20~30次。

（26）移动打球。6人站成相距2米的等边六角形，其中5人体前各持一球，听信号后徒手运动员快速移动循环拍打持球者手中的球，每次移动拍打20次，每人完成2次循环为一组，重复2~4组。

（27）快速移动起跳。在篮板左下角听信号后起跳摸篮板，落地后迅速移动到右侧跳摸篮板，重复2~3组，每组8~10次。

（28）上步后撤步移动。根据教练的手势或信号在乒乓球台端线做上步后撤步移动练习，移动速度要快，持续30秒，重复2~3次。

（29）交叉步移动。在乒乓球台端站立，听信号后左右做前交叉步移动练习，结合挥拍击球动作，动作速度加快，移动20秒，重复2~3组。

（30）技巧、体操、弹网运动员的转体练习。组合动作接转体动作尤其是接多周转体动作，要求运动员不仅要具有速度力量等素质，而且还要有快速的动作速度及熟练而协调的技术能力。

（31）高山滑雪中的"小回转"练习。在雪道上设置若干小回转旗门，练习快速、准确回转过旗门。

（三）移动速度

1. 移动速度训练的原理

决定步长的因素包括肢体长度、关节柔韧性和肌肉力量。腿长和关节柔韧性较好的运动员在蹬摆动作中能够实现较大的动作幅度。然而，如果缺乏足够的肌肉力量和动作速率，也无法实现较大的移动速度。

决定动作频率的因素涉及神经支配的灵敏度、神经冲动的强度和兴奋性、肌肉收缩速度、肢体交替运动的协调性以及技术动作的熟练程度。

对于移动速度，步长与步频的最佳搭配是实现最大速度的有效途径。移动速度包括平均速度、瞬时速度、加速度、角速度、角加速度、初速度和末速度。例如，在100米跑中，10秒的成绩代表平均速度，起跑时蹬离起跑器的时间约为0.15秒代表瞬时速度，100米跑的前30米用时2.58秒代表加速度；跳远助跑最后一步的速度是末速度，跳远起跳腾起的速度是初速度；自由泳运动员手臂的划水动作可视为肘关节和肩关节的角位移运动，产生角速度和角加速度。

在一个项目或项目中的某一动作环节，可能同时包括反应速度、动作速度和移动速度，如起跑动作；也可能仅包括动作速度和移动速度，如途中跑。各种速度之间存在相互关联的关系。

2. 移动速度训练的方法

（1）小步跑转加速跑。在行进中进行快速小步跑，听到信号后转为加速跑。练习距离为20~30米，重复2~3组，每组2~3次，组间休息5分钟。

（2）高抬腿跑转加速跑。在行进中进行高频率的高抬腿跑，听到信号后转为加速跑。练习距离为10~15米，重复2~3组，每组2~3次，组间休息5分钟。

（3）后蹬跑转加速跑。进行快速后蹬跑，听到信号后转为加速跑。练习距离为20米+20米，重复2~3组，每组2~3次，组间休息5分钟。

（4）高抬腿车轮跑转加速跑。在行进中进行高抬腿车轮跑，听到信号后转为加速跑。练习距离为15米+20米，重复2~3组，每组2~3次，组间休息5~7分钟。

（5）单足跳转加速跑。进行单足跳10~15米，听到信号后转为加速跑20米，重复2~3组，每组2~3次，组间休息5分钟。

（6）交叉步转加速跑。进行交叉步跑5~10米，听到信号后转为加速跑20米，重复2~3组，每组2~3次，组间休息5分钟。

（7）倒退跑转加速跑。进行倒退跑10米，听到信号后转为加速跑20米，重复2~3组，每组2~3次，组间休息5分钟。

（8）加速跑。进行加速跑60米、80米、100米、120米，重复3~5组，每组3~5次，组间休息5分钟。

（9）变加速跑。从20米加速跑到最高速度后，减速跑10米，再加速跑20米，如此循环，直至完成一定距离，组间休息5分钟。

（10）站立式起跑。听到信号或枪声后进行站立式起跑30米，重复3~5组，每组3~5次，组间休息5~8分钟，训练强度约为90%。

（11）蹲踞式起跑。听到信号或枪声后进行蹲踞式起跑30米，重复3~5组，每组3~5次，组间休息5~8分钟。

（12）行进间跑。加速跑20~30米，到达指定标记后继续行进间跑20~30米，行进间跑的距离可长可短，20~80米，重复2~3组，每组2~3次，组间休息5~8分钟。

（13）重复跑。训练强度为90%~100%，距离短于比赛距离的1/3，重复4~6组，每组4~6次，组间休息5~10分钟，例如100米×5组×5次，组间休息10分钟，次间休息5分钟。

（14）上坡跑。上坡跑坡度为7°~10°，30米、60米、80米，2~3组，每组3~5次，组间休息5~8分钟。

（15）下坡跑。下坡跑坡度为7°～10°，30米、60米、80米，2～3组，每组3～5次，组间休息5～8分钟。

（16）上、下坡跑。在7°～10°的坡道上往返跑，30米上坡跑，30米下坡跑，重复2～3组。

（17）顺风跑。风速3～5级，顺风跑30米、60米、80米，2～3组，每组2～3次，组间休息5～7分钟。

（18）牵引跑。在牵引机的牵引下按照一定的速度跑20～60米，重复2～3组，每组2～3次，组间休息5～7分钟。

（19）让距离追赶跑。2～3人一组，根据个体的速度水平前后相隔2～5米的距离，听信号后起跑，后者在规定距离内追上前者，重复2～3组，每组2～3次，组间休息5～7分钟。

（20）接力跑。8×50米、4×100米、4×200米、4×400米接力跑。

（21）固定距离或固定步数反复跑。在需要起跳准确性高的项目中，如跳远、撑竿跳高、跳马，运动员要经常练习固定节奏的助跑速度。30～45米，4～6组，每组3～6次。

（22）各种方式的跨栏跑。改变栏高，改变栏间距，改变栏间跑的步数和节奏，改变栏架的数量，等等。

（23）摸乒乓球台角移动。听信号后30秒左右移动摸乒乓球台两角，重复2～3次，组间休息2～3分钟。

（24）变向带球跑。6人站成一排，间隔5米，每人一球，根据教练的手势做前后、左右的带球、变向、急停、转身带球跑，重复2～3次。

（25）各种球类的移动速度练习。根据各种球类项目移动速度的特点，设计具有项目技术、战术特点的移动速度练习手段，如足球进攻和防守的移动速度，乒乓球、羽毛球、网球运动员的脚步移动速度。

第三节　现代体能耐力素质训练

耐力是指生物体长时间工作以克服工作时的疲劳的能力。它是运动员身体素质的关键指标之一，任何运动都需要恒定的耐力水平。对于一些运动，如中长跑和竞走等田径技术水平和比赛成绩的提高通常取决于耐力水平的提高。

一、现代耐力素质的分类及其评价

耐力素质指的是人体肌肉在长时间工作或运动中抵抗疲劳的能力。它是反映人体健康水平或体质强弱的重要指标之一，在人体体能素质中扮演着极其重要的角色。在各种体能素质中，不同的素质并非孤立存在，耐力素质可以与力量、速度、柔韧性等其他素质相结合，共同构成机体的综合运动能力，如力量耐力和速度耐力。

疲劳通常被分类为智力疲劳、感觉疲劳、情感疲劳以及体力疲劳等。在运动训练中，体力疲劳主要是由肌肉活动引起的，它是训练过程中不可避免的结果。没有经历一定程度的疲劳，训练就无法达到其应有的效果。然而，运动疲劳一旦产生，会降低机体的运动能力，并缩短运动持续时间，从而影响训练效果。因此，在运动训练过程中，克服疲劳是至关重要的。运动员克服疲劳的能力，正是耐力素质水平的体现。

（一）耐力素质的分类

不同的运动项目对机体体能的要求不同，而耐力素质作为体能素质中重要的身体素质之一，在各种运动项目中，同样有着自己不同的特征和标准。机体耐力素质可以按照以下标准进行分类：

1. 按运动时间分类

（1）短时间耐力。通常将运动持续时间在45秒至2分钟的项目所需的耐力称为短时间耐力。完成这类运动项目所需的能量大多是通过机体的无氧代谢过程来提供的，在这些运动过程中，短时间产生较高的氧债。而这类运动的运动成绩受机体力量与速度耐力素质的影响较大。

（2）中等时间耐力。通常将运动持续时间在2~8分钟的运动项目所需的耐力称为中等时间耐力。完成这类运动项目的负荷强度一般要比长时间耐力项目的负荷强度大。通常机体在运动过程中，氧不能完全满足机体的运动需要，会在运动过程中产生一定的氧债。造成这种情况主要是因为无氧系统与运动速度成正比关系。在1500米跑的过程中无氧系统的供能几乎可以达到总供能的50%，而在3000米跑的运动过程中无氧系统的供能只能占到总供能的20%左右。这就说明了在运动中机体对氧的吸收和利用的能力，可以对机体的运动能力产生直接的影响。

（3）长时间耐力。通常将运动持续时间超过8分钟的运动项目所需要的耐力称为长时间耐力。这类运动项目的整个过程都是由氧系统进行供能的，需要对机体的心血管和呼吸系统进行高度动员。通常在此类运动过程中，运动员的心率可达到170～180次/分钟，心排血量为30～40升/分钟，肺通气量可达到120～140升/分钟。

2. 按身体活动分类

（1）身体部位的耐力。身体部位的耐力主要是指机体的某一身体部位在进行长时间运动时对抗疲劳的能力。例如，对上肢或下肢进行较长时间的反复力量训练，练习部位的肌肉出现酸胀、疼痛的感觉，如果继续训练，该部位就会出现肌肉活动困难的现象，这种对抗肌肉疲劳的能力表现，就是身体部位耐力水平的表现。在体能练习中，这种局部耐力水平的提高取决于一般耐力的发展水平。

（2）全身的耐力。全身的耐力主要是指机体对抗疲劳的综合能力，可以反映出机体的综合耐力水平。

3. 按氧代谢方式分类

（1）有氧耐力。有氧耐力是指机体在氧气供应充足的情况下，能够持续进行长时间运动的能力。它是机体有氧代谢能力的综合体现，包括对氧气的吸收、运输和利用。为了提高输送氧气的能力，必须进行有氧耐力训练，这有助于机体增强新陈代谢和承受运动负荷的能力。例如，许多球类运动和田径中的马拉松、越野跑、长跑、长距离竞走等项目都需要较强的有氧耐力。

（2）无氧耐力。无氧耐力是指在氧气供应不足时，机体能够持续进行运动的能力。在无氧耐力运动中，由于氧供应不足，机体在无氧条件下代谢，产生氧债，这通常需要在运动后偿还。无氧耐力训练的主要目的是提高机体抵抗氧债的能力。无氧代谢可分为非乳酸供能和乳酸供能两种形式。

（3）有氧与无氧混合耐力。有氧与无氧混合耐力是一种结合了有氧代谢和无氧代谢的特殊耐力类型。在这类运动中，有氧代谢和无氧代谢同时为运动供能。这类运动的持续时间通常长于无氧运动但短于有氧运动。例如，拳击、摔跤、柔道、跆拳道等对抗性项目以及田径中的400米、400米栏和800米等项目都需要有氧与无氧混合耐力。

4．按肌肉工作方式分类

（1）静力性耐力。我们通常将机体在长时间的静力性肌肉工作中克服疲劳的能力称为静力性耐力，它在射击、射箭、举重的支撑、吊环的十字支撑等项目和动作中都有所体现。

（2）动力性耐力。我们通常将机体在长时间的动力性肌肉工作中克服疲劳的能力称为动力性耐力，它在长跑、滑雪、游泳等运动项目中都有所体现。

5．按运动项目耐力分类

（1）一般耐力。一般耐力一般是指机体多肌群、多系统长时间工作的能力。拥有良好的一般耐力，是达到各种训练要求的基础。但是，由于一般耐力是不同形式耐力的综合表现，对不同的运动项目来说，项目特点对它也有不同的要求。因此，在进行一般耐力训练时，应充分考虑一般耐力与专项耐力之间的关系。

（2）专项耐力。专项耐力是指机体为了获取专项成绩，最大限度地动员机体能力，克服专项负荷所产生的对抗疲劳的能力。专项耐力会根据运动项目的不同而表现出不同的特点。例如，短距离跑、蹬自行车等项目的专项耐力需要有保持较长时间高速度的速度能力；举重、摔跤、拳击、体操等项目的专项耐力需要有力量性的力量耐力和静力性耐力；球类项目的专项耐力需要有在较长时间内保持带有大量极限强度动作（快速移动、进攻、防守、打击）的抗疲劳能力。通常专项耐力的训练，机体会承载较大的训练量和负荷强度，并且会随着不同训练阶段的变化，使身体训练、技术训练的负荷总量有规律地增长。在专项耐力的训练过程中，机体还会建立一定的专项耐力储备，促使机体更好地完成专项训练任务。

（二）耐力素质的评价

对耐力素质的评价，可以通过一定的评价指标来进行。例如，一般耐力通常是以机体持续完成运动的时间或距离来进行评定的，常用的方法是耐力跑的时间或12分钟跑的距离。有氧耐力通常以个人的最大吸氧量和无氧阈为评定指标；无氧耐力则一般以无氧性运动的成绩结合血乳酸浓度的变化为评价指标来加以评定。需要指出的是，这些评价指标也会随着耐力的不同分类而发生一些变化。

二、现代耐力素质训练的基本内容

（一）间歇跑训练

方法：练习者采用快跑一段距离后，再慢跑或走一段距离的中途有间歇的跑法。跑的速度、距离、间歇时采用慢跑或走以及练习的次数等应根据练习目的而定。

作用：发展专项耐力。

要求：快跑的速度应使脉搏达到每分钟170~180次，中间间歇；慢跑或走时应使脉搏控制在每分钟120次左右时再重复下一次练习。

（二）重复跑训练

方法：固定跑的距离，重复跑时的速度、距离、重复次数等应根据练习目的和练习者的具体情况而定。

作用：发展专项耐力和一般耐力，提高无氧代谢能力。

要求：每次练习之间的间歇时间以心率恢复到每分钟100~120次为限，然后再进行下一次练习。

（三）持续慢跑训练

方法：练习者采用较慢速度持续跑较长的距离，发展有氧耐力。跑的速度、距离、重复次数等应根据练习目的确定。

作用：发展一般耐力，提高有氧供能能力。

要求：在持续慢跑时，心率每分钟150次左右为宜，以发展练习者的一般耐力。

（四）变速跑训练

方法：变速跑训练是一种按一定距离变换速度的跑法。在跑的过程中，用中等速度跑一段距离后，再以较慢速度跑一段距离。

作用：发展有氧和无氧代谢能力，提高一般耐力和专项耐力水平。

要求：中速跑与慢速跑交替进行相同的距离或中速跑的距离较慢速跑稍短一些，变速的交替次数依练习目的而定。

（五）越野跑训练

方法：可采用个人或结伴的形式，进行距离较长、强度较小的在野外自然环境中的跑步，在跑步中应保持正确的姿势，充分利用野外的上坡、下坡等条件，以发展一般耐力。

作用：发展一般耐力，提高有氧代谢能力。

要求：越野跑时应穿软底鞋，跑的距离及时间应根据个人特点和练习目的确定，跑的过程中脉搏应保持在每分钟150次左右。

（六）匀速持续跑训练

方法：采用中等速度持续跑较长或一定的距离，在跑的整个过程中，保持一定的速度，匀速跑完练习规定的距离。

作用：发展专项耐力，提高混合代谢能力。

要求：速度达到中等速度，心率保持在每分钟150次左右，以匀速持续跑一定距离。

（七）追逐跑训练

方法：在田径场或自然环境中，多人相互追逐地跑。追逐时间可依据一定的追逐距离而定，然后再慢跑或走，反复追逐。追逐跑的距离、速度根据练习的目的而定。

作用：发展速度耐力，提高无氧与有氧代谢能力。

要求：同伴之间相互保持5～10米的距离，用中等或较快的速度追逐对方，慢跑时应使脉搏不低于每分钟100次。

第四节　现代体能柔韧素质训练

一、现代柔韧素质的概念

（一）柔韧素质

柔韧素质通常指关节活动的范围，包含关节在不同方向活动的幅度。

在运动中，柔韧素质表现为完成大幅度或极限幅度动作的能力或人体关节在不同方向上的运动能力以及肌肉、韧带的伸展能力。柔韧素质取决于关节的灵活性、结构以及韧带、肌肉的弹性和神经系统对肌肉的调节能力等。

人体各个关节的运动幅度都表现出自身的特异性，不同关节之间的柔韧素质并不具有任何相关性。柔韧素质与身体比例、体表面积、皮肤维度、体重之间存在一定的相关性。

（二）柔韧素质的训练

训练柔韧素质不仅能够提升人体的运动能力，而且能够降低运动损伤发生的风险。柔韧素质训练的主要目的在于增加运动关节的活动范围。对运动员而言，柔韧素质是一项至关重要的能力，肌肉活动范围的广度直接影响运动员的表现和能力发挥。

柔韧素质的提高可以促进运动员力量的增长和速度的提升，同时也有利于缩短肌肉训练后的恢复时间，并减少肌肉僵硬感。赛前热身阶段的柔韧素质训练有助于运动员在生理和心理方面做好充分的准备；此外，柔韧素质训练能在一定程度上预防肌肉拉伤、韧带损伤，同时还可以减轻或缓解肌肉运动后的酸痛、背部疼痛和痉挛等现象。为了预防伤害，运动员在提升柔韧性方面的努力是值得的，并且是必要的。无论是在训练前、训练后，还是比赛前、比赛后，柔韧素质训练都有助于运动员达到高水平的运动表现。其具体作用表现在以下方面：

第一，活动深层肌纤维，减少肌肉紧张感。

第二，刺激关节润滑液的分泌。

第三，提高呼吸频率，增加心率和血流量。

第四，减少运动损伤出现的概率。

第五，提高心理准备适应性和放松程度。

第六，提高动作学习、练习的效率，提高运动成绩。

第七，缓解肌肉训练后的酸痛，减轻女运动员的痛经症状。

第八，避免运动员退役后关节的活动性幅度降低以及疼痛现象。

第九，与其他类型的训练相结合时，柔韧性练习是一种很好的热身或放松运动。柔韧性练习还可提高神经系统与肌肉组织的协调性。

第十，通过增加动作幅度促进力量和速度的发挥。

二、现代柔韧素质训练的方法

从柔韧素质训练的主、客体出发，柔韧素质训练可分为主动牵拉和被动牵拉。前者包含静力法和动力法，后者包含PNF法和被动法。下边主要介绍这四种有效的柔韧素质训练方法：

（一）静力法

静力法，是指在身体部位静止的状态下对肌肉等组织进行适时牵拉的柔韧素质训练方法。肌肉预先被拉长后静止状态保持一段时间的牵拉练习或操作称为静力性柔韧素质训练。这种训练方法由运动员个体进行，因此静力法也称作"个体柔韧素质训练法"。静力法是在缓慢动力拉伸的基础上，在达到一定程度后保持静止、进行拉伸训练的方法。

静力法要求在平缓的动作里渐渐达到训练的幅度要求。静力法的训练要求为个体感觉到被牵拉目标出现适度的不适为宜（例如，感觉肌肉被拉紧，有一点难受），不能出现剧烈的疼痛。保持某一牵拉姿势15~20秒或10~30秒，每个动作重复2遍，每周训练5~7次，每次尽量做全身性柔韧练习。

静力法的优势包括：①不启动牵张反射；②可以有效缓解肌肉训练以后的酸胀疼痛；③受伤的可能性较低；④不会消耗过多的力量；⑤各个项目都能使用，然而错误的、长时间的静力牵张也会造成肌肉损伤。

（二）动力法

动力法，即动态柔韧素质训练法，是指在大幅度摆动条件下进行的身体训练。与静力法相比，动力法具有更高的活动性。动力法通常安排在静力练习之后，主要针对专项训练和比赛。动力性的柔韧素质训练法是对肌肉和关节进行动态强化刺激，是专项性热身的重要组成部分。与静力法相比，动力法在执行时显得更加自由，启动和结束都呈现动态形式。在增加关节柔韧度方面，静力法与动力法取得的效果并无显著差异，但在实施过程中，动力法的身体受伤风险较高，尤其是在存在旧伤的情况下，受伤的风险会显著增加。此外，当使用动力法试图超过自身关节活动范围进行训练时，受伤的可能性最大。动力法主要适用于下肢和躯干部，而上肢则较少使用。

动力法的训练程序包括：振摆10次，重复3组，逐渐增加摆动幅度和强度。对于有腰伤或其他伤病的运动员而言，动力法可能不适用。

动力性柔韧素质训练为专项化训练与比赛创造了相应的活动空间，发挥着静力与专项活动之间的桥梁作用。动力法是更接近专项运动的柔韧素质训练方法，通常包括站立式动力活动和在专项运动状态下的柔韧素质训练方式。例如短跑运动员经常进行的行进间直臂上摆和高抬腿动作。

（三）PNF法

PNF法即本体感觉神经肌肉促进疗法。PNF法通过主动肌和被动肌的交替收缩与放松，利用牵张反射原理抑制肌肉收缩从而达到牵拉的目的。PNF法实施过程中，被牵拉目标（主动肌）收缩力减小，柔韧性增加。PNF法还有一个优势，即肌肉等长与向心收缩能够推动力量增长。相较于静力法，PNF法会使主动肌放松、等长收缩和向心收缩，被动肌放松和向心收缩。

PNF法对队友或者教练提出了很高的要求：队友或者教练一定要掌握PNF法的使用方式；为了规避出现运动损伤，应当按照循序渐进的方式开展。通常情况下，PNF法有三种形式：保持—放松、收缩—放松以及保持—放松，同时主动肌收缩。

PNF是被动法的特殊形式。在保证安全的前提下，正确的要领非常重要。在PNF中，也有收缩—保持—放松—运动和收缩—运动—放松两种形式。

以股二头肌为例，收缩—保持—放松—运动的程序为：在队友或教练对股二头肌施力时，运动员大腿后群肌等长收缩，保持5～10秒，然后放松10秒，随后进一步施力，重复上述程序，连续做3次。队友在做股二头肌PNF时，用语言指导运动员完成柔韧练习，如在施力时说"收缩对抗"，在牵拉后说"现在开始放松"。收缩—运动—放松形式的练习是运动员主动收缩股二头肌，在预定的范围内，不断地在牵拉中收缩和放松。

能够进行PNF法训练的部位包括小腿三头肌、踝关节、胸肌、缝匠肌、股二头肌、伸髋肌群、股四头肌和屈髋肌群。

（四）被动法

被动法是指由教练或队友对运动员进行柔韧素质训练的方法，或运动员由教练或队友辅助进行柔韧素质训练的方法。相较于个人柔韧素质训练，被动法的优势表现在可以提升关节活动的范围，超出主动静力牵引的范围。被动法能够充分挖掘个体的柔韧潜能，但需要特别注重其安全性。

在实践磨合中，教练或队友与运动员之间会形成训练默契，逐渐掌握牵拉和持续的尺度。这在一定意义上强化了队员之间的交流并形成更加良好的团队氛围。主动牵拉的一方应当掌握准确的牵拉技术：①牵拉过程应当平缓并且具有可控性；②在被动训练过程中，避免出现丝毫的疼痛感；③在训练过程中应当合理把控时间和尺度，运动员与教练或队友之间要保持流畅的语言交流。

三、身体不同部位的柔韧素质训练

（一）颈部柔韧素质训练

颈部类似圆柱体，肌肉分布在其四周，包裹着颈椎和气管、食道。颈部肌肉牵引着头部保持平稳，其牵拉方式与其分布具有十分紧密的联系。依据圆柱体特征，可将颈部肌肉分为颈后部、颈前部、颈侧部肌肉。

颈部在受到伤害或者伤后恢复阶段，应当规避开展柔韧素质训练。颈部的柔韧素质训练能够在一定程度上平复由于长久坐立或者慢性静力性肌肉劳损引发的颈部肌肉疼痛。

1. 左右看齐

牵拉目标：胸锁乳头肌。

练习方法：站姿或坐姿，头颈部保持竖直，以最大用力向右转头，保持15～30秒，向左重复15～30秒，各重复2～3组。

动作要点：增加强度，可尽力向左右侧转头至最大用力幅度。

2. 头前探

牵拉目标：胸锁乳头肌、枕骨下肌、颈夹肌。

练习方法：站姿或坐姿，头颈部竖直，头颈部向下背屈，下颌靠近胸部，保持10秒，如果下颌接触胸部，那么再向下移动。头颈部向后，靠近斜方肌，保持15～30秒，重复2～3组。

动作要点：双手交叉放于头顶部，向下施力，使下颌部靠近胸部，保持15～30秒，重复2～3组。

3. 头后仰

牵拉目标：胸锁乳头肌、枕骨下肌、颈夹肌。

练习方法：站姿，头后仰至最大或次最大幅度，保持15～30秒，重复2～3组。

动作要点：平躺在宽凳上，头部在外悬空，头部尽量向下沉，保持15～30秒，重复2～3组。

4. 屈腿仰卧起

牵拉目标：斜方肌。

练习方法：仰卧，屈腿，小腿靠近大腿后部，双脚撑地，脚尖向前，双手交叉，扶在头后，双臂内扣，靠在头部两侧，呼气，双手施力向上（胸部）拉头部和颈部，保持15～30秒，重复2～3组。

5. 俯身前顶

牵拉目标：斜方肌、颈部肌群。

练习方法：跪姿，双膝触地，双臂屈，前臂及手掌撑于地面，头顶部触地，上体团身，臀部向上，呼气，头部不动，肩部向前顶，下颌靠近胸部，保持30秒，重复2～3遍。

（二）肩部柔韧素质训练

肩关节是人体最灵活的关节之一，活动方向多、幅度大，因此，针对肩关节部位的柔韧素质训练手段也很多。

1. 体后直臂上抬

牵拉目标：三角肌、胸大肌。

练习方法：站姿，双手后背并交叉握拳，伸直手臂，缓慢上抬手臂，保持15～30秒，头部保持竖直，肩部放松，重复2～3组。

2. 坐姿后倾

牵拉目标：三角肌、胸大肌。

练习方法：坐姿，双腿并拢放于地面上，双手背后支撑，手掌距臀部30厘米，手指指向身体后方，双手逐渐向后移动，同时后倾，保持15～30秒，重复2～3组。

3. 仰卧直臂挺胸

牵拉目标：三角肌。

练习方法：坐于地面上，双手体后支撑，距离臀部30～50厘米，手指指向外，呼气，双腿并拢前伸，脚跟撑地，双臂伸直，向上挺胸，抬臂，头后仰，保持15～30秒，重复2～3组。

4. 悬空坐姿沉臂

牵拉目标：三角肌。

练习方法：双手撑于低椅或长凳（50厘米）边沿，前臂与上臂呈90°，上体距椅边40厘米左右，双腿屈膝或直膝，双脚掌或脚跟触地，呼气，沉臂至最低或感觉三角肌被适度牵拉时，保持15～30秒，重复2～3组。

动作要点：增加强度时可抬高脚尖放于高凳上，增加下沉距离。

5．坐姿直臂后展

牵拉目标：三角肌。

练习方法：先坐在地上，双手放于臀后30厘米处，手指向外，手掌触地，双腿直膝、并拢、前伸，脚跟触地，呼气，臀部向前缓慢滑动，上体后仰，躺在地上，保持15～30秒，重复2～3组。

动作要点：头部略微上翘。

（三）胸部柔韧素质训练

胸部是上肢发力的关键肌肉群所在，上肢各种动作的完成都离不开胸肌的参与。胸肌分为上部、中部和下部，牵拉的部位也根据牵拉手段的不同而有所侧重。

1．跪姿沉肩

牵拉目标：三角肌、胸大肌。

练习方法：跪姿，大腿与地面垂直，双手放于椅子上，头部及上体向下移动，保持15～30秒，重复2～3组。

2．坐姿倒肩

牵拉目标：三角肌、胸大肌。

练习方法：坐在椅子上，双手交叉，放于头后，椅背与坐时肩胛骨一样高，呼气，向后倒肩，肘部向外尽量展开，保持15～30秒，重复2～3组。

3．仰卧沉肩

牵拉目标：三角肌、胸大肌。

练习方法：仰卧于宽凳上，双腿屈膝，双脚触凳，背后垫一条折叠的毯子或柔软的支持物，肩胛骨以上部位悬空，双手交叉放于头后，肘关节向外展开，位于头部两侧，呼气，头部及双肩下沉，保持15～30秒，重复2～3组。

动作要点：牵拉时，颈部挺直，可由队友或教练固定双脚。

4．屈肘助力后拉

牵拉目标：三角肌、胸大肌。

练习方法：坐于椅子上，上体挺直，双手交叉，放于头后，肘部向外展开，同伴站立于身后，双手分别握住其肘关节内部，施加力量向后拉动，保持15～30秒，重复2～3组。

动作要点：两人随时保持交流。

5. 仰卧飞鸟

牵拉目标：胸肌、肩带肌。

练习方法：仰卧躺在宽凳上，双手各持一只重量适中的哑铃，双手持铃先上举，呼气，微屈臂，逐渐向两侧下放至最低点，保持15～30秒，重复2～3组。

动作要点：哑铃不应当过于沉重，下放时速度要保持平缓，可以有效控制。

（四）手臂肌群柔韧素质训练

1. 站姿哑铃头后拉

牵拉目标：肱三头肌。

练习方法：站姿或坐姿，手中握着一只重量合适的哑铃向上举，掌心保持向前，左手将右肘关节扶住，速度平缓地向后弯曲肘部，吸气还原，呼气下放，做10～15次，重复2～3组。

动作要点：以肘关节为支点，前臂屈、伸应至最大。

2. 颈后屈臂牵拉

牵拉目标：肱三头肌、背阔肌。

练习方法：站姿或坐姿，屈臂，上抬肘关节，超过头部。右手尽量向左侧肩胛骨移动，左手握住右侧肘关节，左手向后下方用力牵拉，保持10秒，交换部位重复进行。

3. 屈肘体前屈

牵拉目标：肱三头肌。

练习方法：跪姿，双臂屈肘，外侧放于齐腰高桌子上，手掌向上，呼气，体前屈，肩部向腕关节靠近，保持15～30秒，重复2～3组。

动作要点：牵拉肱三头肌，背部平整。

4. 屈肘离心弯举

牵拉目标：肱二头肌。

练习方法：站姿或坐姿，单臂屈肘90°放于桌子上，手持一支重量适中的哑铃，呼气，伸臂时，肱二头肌离心收缩，动作缓慢，吸气时还原，做10～15次，交换，重复2～3组。

5. 跪姿反手撑地后坐

牵拉目标：屈腕肌。

练习方法：跪姿，双臂伸直，反手撑于地面，手指指向膝关节，呼气，上体逐渐后坐至适宜位置，保持15～30秒，重复2～3组。

动作要点：后坐时，掌跟不离开垫子。

（五）上背部柔韧素质训练

1. 单臂体前侧拉

牵拉目标：背阔肌、大圆肌。

练习方法：站姿或坐姿，左前臂微屈15°～30°，大臂直臂，右手握住左臂肘部，用力向右侧牵拉，保持15～30秒，换臂，各重复2～3组。

2. 直臂上顶

牵拉目标：背阔肌、屈腕肌。

练习方法：站姿，腹前直臂，十指交叉，逐渐直臂上顶至头部正上方，保持此姿势后，稍微向后移动，保持15～30秒，重复2～3组。可同时牵拉肩、胸、背。

3. 俯身肋木沉肩

牵拉目标：背阔肌、大圆肌。

练习方法：站姿，双腿直膝，双脚开立，与肩同宽，距肋木1米，向前俯身双手握住肋木，背部保持平整，呼气，向下沉肩，保持15～30秒，重复2～3组。

动作要点：背部平，双腿直，可同时牵拉下背部肌肉和大腿后群肌。

4. 俯卧抬臀

牵拉目标：背阔肌、大圆肌。

练习方法：俯卧，双膝及脚尖触地支撑，双臂向前伸展，胸部触地，呼气，上抬臀部，双臂按压在地面，身体成背弓，保持15～30秒，重复2～3组。

5. 跪姿助力肩后推

牵拉目标：背阔肌、大圆肌。

练习方法：面向墙，保持1米距离，呈跪姿，双臂扶墙或肋木向上伸展，上体前探，同伴在后，双手按住其肩胛骨上部向前下方施力，保持15～30秒，重复2～3组。

（六）下背部柔韧素质训练

1. 坐姿体前屈

牵拉目标：竖脊肌。

练习方法：坐姿，屈膝30°～50°，双腿放松，双侧膝关节指向外侧，腿外侧可触地或不触地，向前屈体（以腰部为轴），直臂前伸，最大幅度保持15～30秒，重复2～3组。

动作要点：减少股后肌群参与，腿部尽量放松，主要由下腰部参与牵拉。

2. 躯干反扭

牵拉目标：腹内斜肌、腹外斜肌、竖脊肌。

练习方法：直腿坐姿，上体正直，右脚交叉放于左腿左侧，脚掌触地，将左肘放于右膝右侧固定，右手放于臀部后侧方30～40厘米处，左肘向左侧用力牵拉，肩、头向右侧扭转，尽量远。向后看，保持15～30秒，换腿，各重复2～3组。

3. 仰卧团身

牵拉目标：竖脊肌。

练习方法：仰卧团身，双手握住大腿后部（靠近膝关节），向身体方向用力牵拉，保持15～30秒，重复2～3组。

动作要点：同伴跪在其体侧，右手按住其大腿后部，左手扶住其双脚脚跟，施力下压。

4. 站姿（负重）体转

牵拉目标：竖脊肌、腹外斜肌。

练习方法：站姿，双脚开立，与肩同宽，双手扶杠铃放置头后部，直腰缓慢匀速转体至最大或次最大幅度，为减少损伤，可微屈膝或采用坐姿。

5. 跪姿背桥

牵拉目标：腹外斜肌、背阔肌、前锯肌、肱三头肌。

练习方法：跪姿，双手直臂，肩下放撑地，小腿及脚背放于地面；吸气，收腹、弓腰、团背，保持15～30秒，呼气，腹肌放松还原，重复2～3组。

动作要点：平背姿势开始到最大限度弓腰。

（七）腹部柔韧素质训练

躯干部肌肉群包括腹直肌、腹外斜肌、腹内斜肌等。这些肌肉群发挥稳定躯干、连接上下肢的纽带作用，以不同起点进行牵拉，可以达到深度开发柔韧性的目的，同时也可促进躯干部灵活性、协调性的提高。

1. 直臂体侧牵拉

牵拉目标：腹外斜肌、背阔肌、前锯肌。

练习方法：站姿，双腿间距离35~40厘米，十指交叉，掌心向外，直臂向右侧振，尽量达到最大幅度，膝关节不能弯曲，保持15~30秒，交换，各重复2~3组。

2. 屈臂体侧拉

牵拉目标：腹外斜肌、背阔肌、前锯肌、肱三头肌。

练习方法：站姿，双腿间距离35~40厘米，屈臂，双手握异侧肘关节于头后，右手靠近左肩，向左屈，尽量达到最大幅度，膝关节不能弯曲，保持15~30秒，交换，重复2~3组。

3. 仰卧沉臀

牵拉目标：腹外斜肌、背阔肌、前锯肌、肱三头肌。

练习方法：背部仰卧于宽凳或床上，腰下垫毛巾或软垫，臀部在凳边或床边。双手交叉，垫在头后，双腿微屈，双脚脚跟触地，向下沉臀，保持10~15秒，重复2~3遍。

动作要点：左侧肘部向上、向右侧抬起，上体向右侧扭转，保持10~15秒，重复2~3次，换方向。

4. 站姿体侧屈

牵拉目标：腹外斜肌、背阔肌、前锯肌、肱三头肌。

练习方法：站姿，右脚侧平放于肋木上（或凳子上），左腿直膝，左脚支撑，距肋木（或凳）1米，双臂上举，双手交叉，上体向右侧屈，保持15~30秒，换腿，重复2~3组。

动作要点：保持双腿直膝，也可牵拉右腿内收肌。

5. 握杠后屈体（背弓）

牵拉目标：腹外斜肌、背阔肌、前锯肌、肱三头肌。

练习方法：站姿，距肋木或单杠30厘米，双臂伸直、上举，双手并拢或叠加在一起，握住肋木杆或单杠，上体完全伸展，双脚尖向后移动，腹部向前顶，保持15~30秒，重复2~3组。

第三章
现代体能基础与核心训练

第一节　热身与抗阻力量训练

一、热身训练

人体各个组成部分通过神经系统紧密相连。以行走为例，腿部节奏性的交替前进和手臂的相应摆动，尽管看似简单自然，实则涉及复杂的相互作用。此过程不仅涉及肌肉群的收缩与伸展，还包括骨骼的摆动。此外，它不仅仅是上肢和下肢的活动，还涉及呼吸和心脏等器官的协同工作。"热身运动可以有效激活和调动人体的神经、运动、循环、呼吸等各系统，提高运动成绩，降低受伤风险。"[①]

（一）热身运动的规范要求

第一，热身运动应满足全面锻炼的需求。它旨在确保身体各部分均得到适当的活动。例如，在推铅球运动中，上肢、下肢、腰部、头部和手指均参与其中。

第二，热身运动必须保证足够的运动量。热身不应草率地进行一两个动作，这样的做法无法达到预期效果。热身应使身体各部分肌肉群得到充分拉伸，骨骼关节能够自然地进行旋转和弯曲，同时使内脏器官适应即将到来的最大运动量。

第三，热身运动的编排顺序应遵循由缓至急、由局部至全身的原则。通常的顺序是从步行过渡到快走，再至慢跑，然后从上肢活动逐步扩展至下肢和全身。

[①]　赵盛涛，刘昊为. 热身运动对人体的生理作用 [J]. 福建质量管理，2017（5）：282.

（二）一般性热身运动

1. 颈部与斜方肌运动

（1）站立（两手叉腰），头向前、后、左、右倾倒再还原。

（2）站立（两手叉腰），头连续向右、后、左、前回旋；还原；反方向做。

（3）两脚并拢站立，右手持一轻哑铃。左手放在头部右上方，右肩尽力下沉。将头部左侧拉向左肩，保持左肩固定。换手持哑铃，相应地拉伸另一侧颈部。

（4）坐在椅子上，右手抓住椅子框架的最低部位以固定右肩。左手放在头的右上部位。拉动头使头部左侧靠向左肩。换手，相应地拉伸另一侧颈部。如果不抓椅子，拉伸会向上分散。

（5）站在或坐在地上，两手靠近头顶在头后交叉。拉动头部向前，使下颚靠住胸部。牵伸中保持两肩下压。如果两肩不保持下压，拉伸会被分散。

（6）坐姿或站立，左臂在体后弯曲。右手从体后抓住左肘关节并向右拉，保持左肩稳定。右耳向右肩降低。换手，相应地拉伸另一侧颈部。肩关节固定不好的话拉伸会向上分散。

（7）仰卧，两膝弯曲，两手靠近头顶在头后交叉。保持肩胛骨贴地的同时把头拉向胸部。如果肩胛骨离地，这项拉伸将会被分散。

（8）两脚并拢站立，两手相触在体前持一轻杠铃，尽力沉肩，下颚向下靠在胸部。可以用任何重量的体育器材来代替杠铃，比如铁饼、铅球等。

（9）两脚并拢，持一对轻哑铃于胯两旁。两肩尽量下沉，下颚向下靠在胸部。

2. 腕、肩部与手指屈肌群运动

（1）将双手手指交叉，围绕腕关节进行旋转。

（2）双手手指交叉（掌心朝前），双臂连续进行推举和屈曲动作。

（3）双腿分开站立，双臂在胸前平屈，向前和向后做绕环动作。

（4）双腿分开站立，双臂伸直，向前和向后做绕环动作。

（5）双腿分开站立，双臂侧平举（掌心向下），双手交替触摸对侧脚尖。

（6）双腿分开站立（身体微微前倾），双臂交替进行绕环动作。

（7）在墙或其他器材上做俯卧撑，进行双臂的屈伸动作。

（8）双腿前后分开站立，一手叉腰，另一手进行绕环动作。

（9）进行单臂侧卧撑。

（10）双腿分开站立，连续进行双臂侧平举动作。

（11）进行俯卧撑，以脚尖为轴，向左或向右爬行。

（12）双腿分开站立，连续进行双臂上举动作。

（13）成弓箭步姿势，连续进行双臂前平举和后振动作。

（14）双臂上举（掌心相对），向左右两侧屈曲并摆动。

（15）左手叉腰，左脚向左横跨一步，同时右手握拳向左击打，并转身恢复站立姿势；右手叉腰，右脚向右横跨一步，同时左手握拳向右击打，并转身，循环进行。

（16）坐在地上，双手放在臀部后方约30厘米处，双腿前伸。抬起臀部，使躯干离地，尽量展开胸部。

（17）坐在地上，双手放在臀部后方约30厘米处，手指向外，双腿前伸。臀部向前滑动，身体尽力后仰。

（18）站立，左臂伸直在胸前向右平举，右臂在左臂下方前平举同时前臂向上弯曲，夹住左臂肘部并使左臂紧贴前胸，持续约15秒；右臂伸直，在胸前向左平举，左臂在右臂下方前平举同时前臂向上弯曲，夹住右臂肘部并使右臂紧贴前胸，持续约15秒。

3. 胸大肌与背阔肌运动

（1）采取坐姿，双臂弯曲，双手在头后交叉。同伴握住训练者的双肘并向后拉，使两肘相互靠近。

（2）面对墙角或敞开的门站立，抬起双肘，肘部微屈成钝角，双手放在墙上或门框上，拉伸胸部两侧的肌肉，身体前倾。

（3）面对墙角或敞开的门站立，抬起双肘至肩高，肘部成直角，屈肘使前臂向上，双手放在墙上或门框上，拉伸胸骨两侧的肌肉，身体前倾。

（4）面对墙角或敞开的门站立，抬起双肘，肘部成锐角，向两侧拉伸锁骨附近的胸肌，身体前倾。

（5）仰卧在桌子上，背部垫一条折叠的毯子，双腿弯曲，上半身在桌边悬空，双手在头后交叉。降低头部和双肩，保持颈部挺直，双肘张开。如有必要，可让同伴固定双脚。

（6）坐在椅子上，双手在头后交叉，椅子高度位于胸部中部，上半身向后倾斜，双臂向后拉。

（7）坐在地上，下背部靠在一个大瑞士球上，双手在头后交叉，双肘向前。然后伸直大腿，抬起臀部离地，滚动球以找到平衡位置。球应位于肩胛骨下方，腰椎保持平直，膝关节弯曲90°，双肘张开。胸部上部和胸腔部分感到拉伸。

（8）面对椅子或横杆跪立。双前臂在头顶交叉，弯曲向前，靠在椅子上或横杆上，头部低至椅子座面或横杆以下，头部和胸部下沉。

（9）双腿弯曲，仰卧在长凳上，双脚放在凳面上。双臂伸直，手指向外握住两个轻哑铃，位于胸部正上方。保持双臂微屈，向两侧降低哑铃至与肩同高，然后恢复起始姿势，哑铃呈弧线返回。也可直臂进行"飞鸟"练习。此拉伸对肘部和肩关节的拉伸强度较大。

（10）双腿微屈坐在地上，胸部贴紧大腿，双肘放在膝下，双手抓住大腿。身体前倾，保持双脚不离地，向上向后拉大腿。在肩胛骨之间（即菱形肌）应感到拉伸，圆背可增加拉伸强度。

4. 大收肌与股内侧肌运动

（1）两脚分开约60厘米站立，右脚外展90°，保持脚尖、脚跟和身体成一条直线。两手扶髋，左脚向前跨出一步，右髋下压。

（2）一脚放在牢固的椅子上站立，向后滑动后腿，以凳子维持平衡。放于椅子上的腿屈膝的同时身体向前向下倾斜。如果没有椅子，可以用抬高的但要牢固的平面代替。

（3）两脚平行于约髋关节高度的支撑面站立。将一只脚放于支撑面上。双手交叉举于头上，侧屈，向举起腿处降低上体。保持两腿伸直。在体侧感觉到拉伸。

（4）面对约膝关节高度的平面站立，向支撑面举起一条腿，把脚跟放于上面。弯腰，双手尽量向下够。

（5）面对同伴站立，一腿放于同伴肩上。转髋使脚转离同伴，同伴撤步时呼气。

（6）两脚平行于约髋关节高度的支撑面站立。保持两腿伸直，髋关节成直角，一只脚举起放在支撑面上。支撑腿的脚外展，抬起的脚内扣。一只手抓住抬起的脚，向前屈髋，另一只手抓住支撑腿的脚。保持两腿伸直，像劈叉一样降低上体。腘绳肌腱可能也会感到拉伸。

（7）两脚平行于约髋关节高度的支撑面站立。保持两腿伸直，髋关节成直角，把一只脚放在支撑面上。支撑脚外展，举起的腿向内扣。保持举起的腿伸直，支撑腿弯曲，使胸部靠向膝关节。

（8）站立，提起一只脚的脚尖至另一只脚的脚踝，然后沿另一腿的内侧提至膝关节高度。一手抓住脚或踝，向体侧举起腿，伸直。舞蹈演员能够不用手扶完成这项练习。对多数人来说，协调性和髋关节柔韧性的不足限制了他们完成这项练习的能力。

5. 半膜肌与膝后运动

（1）坐在地上，双腿向前伸展。保持双腿伸直，上背部挺直，向前弯曲髋部，使躯干向大腿靠近。后背感受到拉伸。尽量收缩股四头肌，以减轻腘绳肌腱的拉伸力。

（2）双腿伸直坐在地上，同伴站在身后，一手放在上背中部，另一手放在下背中部。保持双腿伸直，上躯干挺直，髋部前屈，同伴将躯干向大腿方向推动。

（3）坐在地上，双腿向前伸展。保持双腿伸直，上背部挺直，向前弯曲髋部，使躯干向地面靠近。后背感受到拉伸。尽量收缩股四头肌，以减轻腘绳肌腱的拉伸力。避免脚跟离地或臀部和大腿向内滚动，这可能导致腹股沟受伤。

（4）双腿伸直坐在地上。同伴与训练者采取相同姿势，用脚抵住训练者的脚。训练者与同伴各持毛巾一端。保持双腿伸直，上背部挺直，髋部前屈，躯干向大腿靠近，同伴拉住毛巾向后施力。

（5）坐在地上，一条腿伸直，另一条腿膝盖弯曲，脚跟触及伸直腿的大腿内侧。将弯曲腿的大腿外侧和小腿降低至地面。保持拉伸腿伸直，从大腿处降低上背部。尽量收缩股四头肌，以减轻腘绳肌腱的拉伸力。

6. 前踝、脚背与脚弓运动

（1）坐姿，一腿交叉放在另一腿膝盖上。一手从踝关节上方抓住腿，另一手抓住脚尖，向身体方向拉动脚底。

（2）坐姿，一腿交叉放在另一腿膝盖上。一手从踝关节上方抓住腿，另一手抓住脚尖外侧，慢慢扭动踝关节使踝关节向上抬起。

（3）一腿在另一腿前方站立，抬起前脚的脚底使脚尖立于地面，重心前移，牵伸踝关节。

（4）跪在垫子上，以抬高臀部和脚背，使脚尖向后，坐在脚跟上。一定要使你的臀部坐在脚跟上而不是两脚之间。后者称为"W"坐，这种坐姿对膝关节有害。

（5）一腿放在另一侧的膝上，一手抓住脚踝，另一只手抓住脚趾的下面和足部的圆形部位，向胫骨的方向拉伸脚趾。

（三）专门性热身运动

1. 发展速度、灵敏性的热身运动

（1）上台阶或上坡的加速跑。这是一种有效的提高腿部力量和速度的方法。通过在台阶或坡道上进行加速跑，可以增强小腿肌肉的力量，提高身体的爆发力。

（2）跨越步跑。这种训练方法可以增强腿部肌肉的协调性和力量。通过在垫子或其他障碍物上分出间隔，进行跨越步跑，可以提高腿部的灵活性和敏捷性。

（3）双手背在腰部跑。这种训练方法可以提高身体的重心，并帮助运动员体会后蹬动作。通过将双手背在腰部，可以迫使运动员使用更多的腿部力量进行跑步，从而增强腿部的力量和耐力。

（4）仰卧双手撑腰，两腿模仿蹬自行车动作。这种训练方法可以增强腹肌和大腿的力量。通过仰卧并双手撑腰，同时两腿模仿蹬自行车的动作，可以有效地锻炼腹肌和大腿肌肉。

（5）立定跳远、三级跳远或五级跳远。这些训练方法可以增强大腿力量。通过进行跳远训练，可以增强大腿肌肉的力量和爆发力，提高身体的协调性和灵活性。

（6）脚尖着地（稍偏内侧），沿着一条直线跑。这种训练方法可以帮助改正八字脚。通过脚尖着地并沿着一条直线跑，可以迫使运动员保持正确的跑步姿势，避免八字脚的出现。

（7）高抬腿跑。这种训练方法可以锻炼腿部肌肉的收缩力量和前摆时抬高大腿的动作。在进行高抬腿跑时，需要注意身体保持正直，骨盆前挺，蹬地腿充分伸直，步子不要太大。

（8）小步快跑。这种训练方法主要练习前蹬动作。在进行小步快跑时，需要注意身体保持正直，骨盆前挺，小腿不前踢，同时落地时脚前掌先落地，脚掌下落做缓冲动作。

（9）后蹬跑。这种训练方法主要练习后蹬技术和后蹬力量。在进行后蹬跑时，需要注意身体不要过分前倾，骨盆不要过分前挺，同时落地动作和小步跑一样。

（10）后蹬腿跑。这种训练方法主要练习蹬地后的折叠动作和两腿交换的频率。在进行后蹬腿跑时，需要注意身体前倾，保持正直，与下肢在一条直线上，同时大腿垂直于地面，小腿向后弯曲，大、小腿充分折叠。

2. 发展弹跳力的热身运动

（1）双脚跳上跳箱。

（2）双脚跳上跳箱、跳马。

（3）单脚跳起，以头触及悬挂的球。

（4）单脚跳起，以手触及悬挂的球。

（5）单脚跳起，以肩触及悬挂的球。

（7）单脚跳起，以脚尖触及悬挂的球。

（8）两手持轻哑铃，膝盖不弯曲，向上跳起。起跳只用脚掌。

（9）向前跨跳跑。

（10）一腿放在跳箱上（或其他高处），上体前屈同时两臂向前伸使胸部接近膝盖。

（11）双脚跳过栏架，或连续跳过几个栏架。

（12）双脚连续跳过几个球。

（13）双腿开立，背驮另一人做下蹲和起立的动作。

（14）抓举或挺举杠铃。

3. 发展投掷力的热身运动

（1）两腿开立，两手抱头，做体侧屈动作。

（2）两腿开立，两臂左右摆动转体。

（3）两臂向左（右）摆，同时髋关节用力向左（右）挺。

（4）两腿开立，做体前后屈（手触地），逐渐转为并腿的体前后屈。

（5）有人扶持的"桥形"动作。

（6）并腿坐地，前弯体，另一人在背后用力压。

（7）俯卧撑跳（手和脚尖同时离地跳）。

二、抗阻力训练

（一）抗阻力训练的概念

"抗阻力训练是一种改善身体机能和提高运动水平的重要训练方式。"[1]抗阻力训练是一种以对抗外部阻力（如哑铃、杠铃、阻力带或自身体重）为主要形式的锻炼方式。这种训练的目的是增强肌肉力量、大小和耐力，同时也有助于提高骨密度、改善身体机能和促进新陈代谢。抗阻力训练可以采取多种形式，包括自由重量训练、机械式训练、自体重训练（如俯卧撑、引体向上）等。它是一种重要的健康促进和疾病预防手段，被广泛应用于健身、康复和体育竞技等领域。

（二）抗阻力训练的原则

在进行抗阻力训练时，为了达到健身的目的，必须遵循一定的基本原则。这些原则确保了训练的科学性和有效性，避免了盲目运动带来的风险。以下是在抗阻力训练中必须遵循的基本原则：

第一，超负荷原则。超负荷原则要求训练者在进行抗阻力训练时，所承受的负荷要超过日常训练中的正常负荷。这是因为肌肉的增长和力量的提升需要通过不断的挑战和刺激来实现。超负荷训练可以促使肌肉纤维适应更大的压力，从而增强肌肉的力量和耐力。然而，超负荷并不意味着盲目增加重量，而是要根据个人的体能和训练目标来适当调整负荷。

第二，特异性原则。特异性原则强调训练的针对性和专门性。这意味着训练者应该根据自身的目标和需求，选择合适的训练方式和动作。例如，如果目标是增强下肢力量，那么就应该选择针对下肢肌肉的抗阻力训练动作，如深蹲、腿举等。特异性原则还要求训练者在进行抗阻力训练时，要注意动作的正确性和规范性，以确保训练效果的最大化。

---

[1] 高原，盛欣.抗阻力训练监测理论和应用研究进展[J].湖北体育科技，2017，36（9）：791.

第三，渐进性原则。渐进性原则是指在抗阻力训练过程中，训练者应该逐渐增加训练的强度和量。这是因为肌肉的适应和生长需要时间，过快增加负荷可能会导致肌肉损伤或过度疲劳。因此，训练者应该根据自身的恢复能力和训练进度，逐步增加训练的难度和量，以促进肌肉的不断适应和生长。

第四，可逆性原则。可逆性原则指出，如果停止进行抗阻力训练，已经获得的肌肉力量会逐渐降低，肌肉体积会逐渐缩小。这是因为肌肉的生长和维持需要持续的刺激和负荷。因此，为了保持训练效果，训练者应该坚持进行抗阻力训练，并根据自身的需求和目标，适当调整训练计划。

第五，个体化原则。个体化原则强调训练计划的个性化和差异化。由于每个人的体质、健康状况和训练目标不同，因此，训练者应该根据自身的实际情况，制订适合自己的抗阻力训练计划。个体化原则还要求训练者在进行抗阻力训练时，要注意倾听身体的信号，避免过度训练或训练不足。

（三）抗阻力训练方法

抗阻力训练是一种体育锻炼方法，旨在增强身体的肌肉力量和耐力。这种训练方法通常涉及使用外部重量、阻力带或身体重量进行练习，以对抗抵抗力量，从而促使肌肉增长和力量提高。抗阻力训练有助于改善肌肉质量、体态、代谢、骨密度和日常生活中的功能性能力。常见的抗阻力训练方法和练习如下：

第一，举重。举重是一种传统的抗阻力训练，涉及使用哑铃、杠铃或其他重物进行练习，例如卧推、深蹲、硬拉等。

第二，弹力带练习。弹力带是一种便携式工具，可以为练习提供阻力。可以使用弹力带进行各种练习，如弯举、肩推和蹲跳等。

第三，身体重量练习。这包括俯卧撑、仰卧起坐、深蹲、引体向上等使用自己的体重作为阻力的练习。

第四，器械练习。健身房中的器械如健身机器、推挺器、拉力器等可以提供有针对性的抗阻力练习。

第五，高强度间歇训练。这是一种结合有氧和抗阻力练习的高强度训练方法，通过快速、高强度的运动来提高心肺功能和增强肌肉力量。

抗阻力训练应根据个体的目标和体能水平来定制，可以帮助提高力量、提高肌肉质量、减少脂肪、改善身体柔韧性和平衡。

第二节　肌肉牵拉与肩关节防护性训练

一、肌肉牵拉训练

肌肉牵拉训练是一种针对肌肉的伸展和强化练习，旨在改善肌肉的柔韧性和力量。这种训练通常包括一系列的拉伸动作，通过逐渐增加肌肉的伸展范围，来提高肌肉的柔韧性。同时，肌肉牵拉训练也可以帮助增强肌肉的力量，预防运动损伤，提高身体的协调性和运动表现。

（一）肌肉牵拉训练的要点

第一，逐渐增加强度。肌肉牵拉训练应该从轻柔的拉伸开始，逐渐增加强度和持续时间。突然进行剧烈的拉伸可能会导致肌肉拉伤。

第二，避免疼痛。拉伸时应该感到轻微的紧张感，但不应感到疼痛。如果感到疼痛，应立即停止拉伸。

第三，保持呼吸均匀。在拉伸过程中，保持深而缓慢的呼吸，有助于放松肌肉，增强拉伸效果。

第四，保持姿势正确。正确的姿势可以确保拉伸针对正确的肌肉群，并避免不必要的损伤。

第五，持续一段时间。每个拉伸动作应该持续15～30秒，以达到最佳的拉伸效果。

第六，全面拉伸。确保拉伸所有主要肌肉群，以促进全身的柔韧性和平衡。

第七，持之以恒。定期进行肌肉牵拉训练，以维持和改善肌肉的柔韧性和力量。

（二）肌肉牵拉训练的内容

1. 拉伸小腿前侧肌群

拉伸小腿前侧肌群，特别是胫骨前肌及腓骨长短肌，对于改善下肢的柔韧性和减少运动伤害至关重要。训练时，运动者需双腿并拢或略分开，跪于垫子上，脚尖相对，确保臀部落于踝关节处，躯干保持直立。随后，躯干后倒，双手置于体后撑地，抬起膝关节，并保持该姿势10～20秒。在执行此动作时，需注意身体不要过分后倒,以保持髋关节角度的小幅度变化,从而在确保拉伸效果的同时避免过度伸展导致的损伤。

2. 拉伸小腿后侧肌肉

拉伸小腿后侧肌肉,尤其是腓肠肌,对于提升下肢柔韧性和预防运动伤害具有重要意义。训练时,以拉伸右侧小腿为例,左腿在前,右腿在后,分腿站立,距离约为一步,右腿伸直,脚尖向前,躯干保持直立,双手叉腰。随后,屈左膝关节,降低身体重心,右腿保持伸直,牵拉小腿后侧肌肉,并保持该姿势10~20秒。然后,分别将右脚尖向外、向内重复以上动作,以全面拉伸小腿后侧肌肉。在拉伸过程中,运动者需确保身体保持直立,避免前倾或后倒,同时膝关节不要过分伸展,以防止过度拉伸造成损伤。

3. 单腿站立拉伸股四头肌

单腿站立拉伸股四头肌是提升大腿前侧肌肉柔韧性的有效方法。训练时,运动者需身体站立,躯干保持正直,一手扶墙或横杆以保持平衡。另一手抓起同侧的踝关节,弯曲膝关节,拉起脚靠近臀部,并保持该姿势10~20秒。然后换另一侧重复练习。在拉伸过程中,运动者需注意保持身体直立,向外侧拉伸内侧肌肉、向内拉伸外侧肌肉,以充分拉伸股四头肌的三个远端头——股外侧肌、股中肌和股内侧肌。此外,两腿需分别进行拉伸,以确保两侧肌肉的均衡发展。

二、肩关节防护性训练
(一)肩关节防护的重要性

在人体复杂的骨骼系统中,肩关节以其独特的结构特性和功能特性,在运动医学领域占据了极其重要的地位。肩关节作为典型的球窝关节,其由大而圆的肱骨头与相对小而浅的肩胛骨关节盂共同构成。这种结构的特殊性赋予了肩关节超乎寻常的运动灵活性和广阔的运动幅度,使其成为人体中运动自由度最高、运动范围最广的大关节之一。然而,这种高度灵活性的代价则是肩关节在结构上相对较弱,稳固性较差。

肩关节稳固性主要依赖于关节周围肌肉的作用。尤其是肩袖这一重要的肌肉结构,它由冈上肌、冈下肌、小圆肌和肩胛下肌四块肌肉共同组成,这些肌肉分别从肩关节的上方、后方和前方跨过,形成了一种类似袖口的结构,将肱骨大结节和小结节紧密拉向肩胛盂，从而起到了保护关节韧带的作用。这种结构不仅增强了肩关节的稳定性，还为其灵活运动提供了必要的支持。

然而，由于肩关节的结构特点，它也成为全身大关节中最易发生脱位的部位之一。当肩关节受到外力冲击或异常扭转时，容易发生创伤性关节不稳，即我们常说的习惯性肩关节脱位。这种脱位现象不仅会给患者带来极大的疼痛和不便，还可能对其日常生活和工作产生严重影响。因此，肩关节的防护和保健尤为重要。

在运动医学领域，肩关节的防护和创伤康复已经成为热点话题。随着研究的深入，人们逐渐认识到，通过科学的训练方法和有效的防护措施，可以有效提高肩关节的稳固性，减少其脱位的风险。这包括加强肩袖肌肉的训练，提高肩关节的周围肌肉力量；同时，通过合理的运动规划和防护措施，避免肩关节受到过大的外力冲击和扭转。

此外，对于已经发生肩关节脱位的患者，及时的复位治疗和康复训练也至关重要。通过专业的医疗团队和科学的康复计划，可以帮助患者尽快恢复肩关节的功能，减少其对日常生活和工作的影响。

（二）肩关节防护训练方法

肩关节的稳固性主要依靠关节周围的肌肉作用，针对这个特点，加强肩部肌肉群的力量训练，对稳固肩关节、防止损伤具有积极意义。肩关节防护性训练的基本原则是使肩关节周围肌肉力量均衡发展，避免出现专项技术用力肌群过于发达而造成肩关节肌肉力量失调，因此，对完成专项技术参与较少的肌肉要重点关注，对肩袖肌群要重点发展。

1. 肩关节基础力量训练

（1）卧推练习。本练习主要训练胸肌和肱三头肌，增强胸部和肩部力量，可以使用杠铃或哑铃来完成，其中杠铃卧推练习可以使用比较大的负重，对发展肌肉的最大力量效果较好；哑铃卧推练习可以更有效地锻炼肩部的稳固性和平衡能力。另外，在进行卧推练习时可以在平椅上进行，也可以在上斜板或下斜板上完成。

（2）肩上推举练习。同卧推练习一样，本练习也是针对肩部肌肉基本力量的训练，所训练到的肌肉主要包括三角肌、肱三头肌和斜方肌。利用杠铃或哑铃都可以进行肩上推练习，但更推荐使用哑铃，因为这样可以增加肩关节的稳固性和平衡能力。可以采用坐姿或站姿进行该项练习。

（3）肩下拉练习。通常在组合训练器械上进行此练习，可训练到背阔肌、肱二头肌和肱肌等肩部肌肉。训练者可以通过改变握距的位置来训练不同的肌肉，例如，低位窄握主要训练背阔肌的内侧和肱二头肌；高位宽握主要训练背阔肌的外侧和前臂肌肉。

（4）爆发俯卧撑练习。本练习适用于训练上肢肌肉的爆发力，包括胸部肌群和肱三头肌。由于该训练爆发性较强，不适用于腕部或肩部受伤的人。

2. 肩关节的稳固性训练

肩关节稳固性训练是通过功能性练习提高肩部稳定性的一种方法，既安全又有成效。功能性训练整合了一系列多关节练习，更直接地模仿运动项目中的动作。这套常规训练非常适用于防止肩带肌群受伤，同时提高腰背部和腹部力量。这些练习同时训练躯干和肩部肌群，因而适用于多数运动项目。

（1）前臂俯卧撑练习。本练习可以训练肩胛固定肌、前锯肌和腹部肌肉：①俯卧于地板上；保持身体挺直，前臂支撑起身体，同伴给予一定的阻力；③收紧肩带肌群及躯干，保持该姿势30秒；④重复该练习2次，逐步将每次保持时间延长至1分钟。

（2）前臂侧推练习。本练习可以训练肩胛固定肌、前锯肌和腹部肌群：①侧躺于地板上；身体挺直，保持侧卧，同时用一侧前臂撑起身体。身体与地面呈30°～45°角；③同伴将双手放于其身体上方，施加阻力；④收紧肩带肌群和躯干，与阻力呈反方向上推；⑤保持该姿势30秒；⑥每侧重复2次，逐步将每次保持时间延长至1分钟。

第三节　核心力量训练的内容与方法

一、力量的类型

运动专项不同，对力量的要求也有所不同。从专门性的角度考虑，我们应该了解力量与速度和耐力的关系。力量可以划分为三种类型，它们分别是最大力量、弹性力量和力量耐力。弹性力量和力量耐力对所有的运动项目都很重要，而最大力量常常作为评价弹性力量和力量耐力中最大力量成分的手段。

（一）最大力量

最大力量，也称为绝对力量，是指肌肉在单次最大收缩时所能产生的最大力量值。它体现了肌肉收缩的极限能力，是力量训练中的基础。最大力量对于举重、摔跤、投掷等需要克服大阻力的运动项目具有极其重要的意义。运动员通过最大力量训练，能够显著提升肌肉纤维的横截面积和神经肌肉系统的协调能力，从而在比赛中发挥出更高的水平。

在最大力量的训练中，教练员需要根据运动员的个体差异和训练目标，科学制订训练计划。这包括选择合适的训练负荷、动作和频率等，以确保运动员在安全的范围内进行训练，避免过度训练导致的运动损伤。

（二）弹性力量

弹性力量，又被称为爆发力或速度力量，是肌肉通过极其迅速的收缩来克服外界阻力的能力。这种力量的产生不仅依赖于肌肉本身的收缩力量，更涉及神经肌肉系统的精细调控。具体来说，神经肌肉系统通过高效的反射活动，以及肌肉内部弹性成分与收缩成分之间的协调作用，迅速响应并适应外界施加的快速负荷。

在弹性力量的产生过程中，收缩力量和收缩速度是两个不可或缺的要素。然而，仅仅依靠这两个要素并不足以完全解释弹性力量的独特性和复杂性。实际上，神经反射活动与肌肉弹性成分之间的复杂协调和共同参与，才是决定弹性力量特殊性的关键所在。这种协调作用使得肌肉能够在极短的时间内达到最大收缩力量，并以极高的速度完成动作，从而在各种需要爆发性用力的运动项目中发挥出决定性的作用。

对运动员而言，提升弹性力量意味着在关键时刻能够更快地启动、更准确地完成技术动作，并产生更大的冲击力。因此，在体能训练中，弹性力量的训练受到了极大的重视。通过针对性的训练方法和手段，如快速伸缩复合训练、爆发力训练等，可以有效地提高运动员的弹性力量水平，进而提升整体运动表现。

（三）力量耐力

力量耐力是指有机体在持续进行力量输出时，耐受疲劳并保持一定力量水平的能力。这种能力对许多需要在长时间内克服阻力的运动项目至关重要。过去的一些力量测试方法，如连续做俯卧撑的次数，实际上就是在测试人体的力量耐力水平。这些测试方法虽然简单直接，但能够直观地反映出运动员在持续用力过程中的耐力表现。

对于划船、游泳、越野滑雪等需要在较长时间内保持一定力量输出的运动项目而言，力量耐力是决定成绩的关键因素之一。运动员在比赛中需要不断地克服水阻、风阻等外部阻力，同时还需要应对身体疲劳和肌肉疲劳等内部挑战。因此，拥有出色的力量耐力意味着运动员能够在比赛中保持稳定的发挥，并在关键时刻发挥出更高的水平。

在体能训练中，提升力量耐力通常采用持续训练法、间歇训练法等方法。这些方法能够有效地提高运动员的肌肉耐力和心肺功能，从而提升其力量耐力水平。同时，合理的营养补充和恢复措施也是提高力量耐力的重要手段之一。通过综合应用这些方法和手段，可以有效地提升运动员的力量耐力水平，进而提高其整体运动表现。

二、核心力量训练的内容

力量训练主要用于发展肌肉的静力性力量、动力性力量、最大力量、弹性力量和力量耐力。

（一）发展肌肉静力性力量

肌肉静力性力量，即肌肉在保持某一特定姿势或位置时对抗外力的能力。在核心力量训练中，发展肌肉静力性力量对于提高身体核心区域的稳定性具有重要意义。这一类型的力量不仅涉及肌肉力量本身，还包含神经肌肉的协调性和肌肉耐力等多个方面。

首先，发展肌肉静力性力量有助于增强核心区域的稳定性。核心区域包括腰部、腹部、骨盆以及背部等部位的肌肉群，这些肌肉在保持身体姿势、传递力量以及协调运动中起着关键作用。通过针对性的静力性力量训练，可以加强这些肌肉群的力量和耐力，从而提高身体的稳定性，为其他运动技能的发挥奠定坚实的基础。

其次，发展肌肉静力性力量还有助于提高神经肌肉的协调性。在静力性力量的训练中，运动员需要保持身体的平衡和稳定，这需要神经肌肉系统的高度协调和配合。通过不断的练习和训练，运动员可以提高神经肌肉的协调性和反应能力，使得在快速变化的环境中能够迅速做出反应和调整。

最后，发展肌肉静力性力量也是提高肌肉耐力的有效手段。在静力性力量训练中，运动员需要长时间保持某一姿势或位置，这会对肌肉产生一定的压力和负荷。通过不断挑战和适应这种压力，运动员可以提高肌肉的耐力和抗疲劳能力，从而在长时间的运动中保持稳定的发挥。

（二）发展肌肉动力性力量

动力性练习是发展力量最常用的方法。负荷强度、质量或密度的变化，决定了发展肌肉的最大力量、弹性力量和力量耐力的相对效果。

第一，通过肌肉的离心收缩来发展力量。当运动员机体系统长期受到超负荷阻力的刺激，将会使最大力量显著提高。通过这种方法，运动员这三种类型的肌肉力量将会得到提高。当运动员所受到的阻力小于自身的最大力量，并采用在离心收缩之后紧接着进行肌肉向心收缩的练习技术时，力量能够得到很大程度的提高。

第二，通过肌肉的振荡性收缩来发展力量。肌肉振荡性收缩是指肌肉活动在向心收缩和离心收缩之间迅速转换的练习方式。源自美国的"肌肉超等长收缩"训练，就包括这种肌肉振荡性收缩训练的方法。这种方法与专门练习的联系日益紧密，目前，它在一般练习训练计划中的比重已经有所增加。

（三）发展肌肉最大力量

训练课中，采用若干组数的练习，每组能够完成1～5次重复次数的强度，对于发展人体最大力量能够产生较好的效果，各组练习间保证5分钟以上的间歇恢复时间能够避免疲劳的积累。

在使用等长收缩训练方法时，负荷须根据情况有所变化。对抗80%～100%的最大强度、保持9～12秒的静力性练习适用于高水平的运动员，对抗60%～80%的最大强度、保持6～9秒的静力性练习适用于训练年限较短的运动员。对年轻运动员来说，采用这种训练方法进行多种练习，能够为运动员一般力量的发展奠定良好的基础。

超过最大等长收缩力量的离心收缩负荷练习，也能够发展运动员肌肉的最大向心收缩力量。但是采用何种专门强度的负荷还没有权威的研究结果出现。就个人试验结果而言，在特定的运动范围内，离心负荷的强度应该为肌肉最大向心收缩的105%～175%。

在人体几种力量发展系统中，都关注合理使用多种力量训练刺激的方法。

这些训练手段体现在训练计划中，可分为"在训练单元之间混合"和"在训练单元之内混合"两种方式。

另外，为了使最大力量具有较快的加速水平，也可以采用将传统的负重负荷与弹性（或肌肉超等长收缩）负荷相结合的混合训练方法。通过肌肉电刺激的方法来发展力量是更进一步的选择，但在运用肌肉电刺激方法来发展肌肉弹性专门力量时，会有更多的选择变化。在一个力量训练单元中存在最佳的训练刺激频率，并且在发展最大力量时两个训练单元之间有一个恢复的最佳间隔时间。人体自然恢复的间隔时间通常在36小时至48小时之间。

（四）发展肌肉弹性力量

通过肌肉最大力量和（或）肌肉协调收缩速度的提高，能够发展肌肉的弹性力量。当运动员承受较重的负荷时，参与专门练习的肌肉力量和收缩速度将会得到发展。但是，如果与运动技术有关的肌群所承受的负荷过小，那么运动员参与运动的肌肉收缩速度就不会得到明显的提高。另外，如果运动员所承受的负荷在5%~20%的较轻范围，对抗负荷的动作速度将会得到提高。如果负荷超出这个范围，人体的补偿运动将会干扰技术的准确性，进而影响到动作程序。这是因为它改变了练习强度和动作速度，所以必须取得二者结合的最佳化。因此，如果要发展肌肉弹性力量，在一个训练小周期中必须使用最大力量练习和轻负荷的专门练习。而且，在最大力量的训练单元里，较低强度的负荷也应该作为训练的一部分。那种先进行几个月的最大力量训练，接着执行速度训练计划的按顺序把最大力量训练和速度训练前后分开的训练方法，其发展肌肉弹性力量的效果要远远小于两者平行推进、共同发展的训练方法。

在训练单元里，采用的刺激强度一般为最大负荷的75%左右、4~6组、每组6~10次重复。在用最大力量完成练习时，组间的休息间隔在5分钟之内。使用这种训练模式，能够使最大力量和弹性力量同时得到提高。如果在训练单元中有最大力量的练习，应该采用最大负荷30%~50%强度的弹性力量练习作为补充。在发展肌肉弹性力量时应避免采用传统的负重练习，而应当采用与专门运动技术有关的专门练习。

（五）发展肌肉力量耐力

如果一个运动员在一次练习中的最大力量为200千克，很显然，他在重复进行50千克的练习时比最大力量为100千克的运动员要轻松得多。同样，如果两个运动员的最大力量都是200千克，有氧运输系统较为发达的运动员重复50千克练习的次数要多于有氧运动系统水平较弱的运动员。力量耐力训练的基础在于，运动员能够对抗比运动项目中正常阻力大得多的负荷，并重复尽可能多的练习次数。而且，如果运动中对力量的要求小于最大力量的30%，则最大力量就不再起到决定性作用。

在专门比赛期采用多样化的专项比赛和专门阻力练习非常关键。运动员可以在雪地、沙地、上坡、耕过的土地、海浪、拖拉雪橇等条件下进行跑动练习，而划船运动员可以进行拖重物练习，游泳运动员可以进行类似的对抗阻力练习。

三、核心力量训练的方法

核心力量训练模式主要是围绕腰椎—骨盆—髋关节联合周围肌群所进行的训练。目前，有关核心力量训练的方法和手段繁多，总体可以概括为瑞士球训练、弹力带训练、实心球训练、徒手训练等。通过对这些训练方法的总结可以看出，核心力量训练方法主要通过身体的非稳定性训练来提高核心区域肌肉群的力量，尤其是对深层小肌肉群力量的提高极为有效。

（一）瑞士球训练

20世纪80年代以后，瑞士球逐渐开始在理疗诊所和康复中心普及，一些运动队也把它当成提高运动员平衡稳定能力、预防运动损伤的训练工具。瑞士球具有不稳定性，在球体上练习时可以充分刺激全身尤其是核心部位的肌肉协作，维持人体的平衡和稳定。很多体育工作者已将瑞士球训练法引入田径、游泳、体操、球类等运动项目的训练中，并将其练习作为训练方案的组成部分。事实证明，瑞士球是一个增强核心力量、提高身体稳定性和增加关节柔韧性的有效训练工具。根据不同标准，瑞士球可以分为多种，直径从45～75厘米不等。瑞士球在保持身体平衡、改善身体姿势及预防运动损伤等方面发挥着重要作用。

1. 瑞士球俯卧撑

这项训练涉及的肌肉部位有腹直肌、腹外斜肌、腹内斜肌、腹横肌、阔筋膜张肌、髂腰肌、缝匠肌、短收肌、长收肌，不仅可以增强上肢力量，还可以很好地调动核心肌群并锻炼髋部屈肌，提高脊柱稳定性和核心肌群力量。具体方法如下：

（1）双手双膝着地，手指朝前，瑞士球置于身下为开始姿势。

（2）双腿伸直，使身体呈一直线。

（3）保持背部挺直，同时双膝弯曲使瑞士球朝核心肌群移动。

（4）双腿伸直，移动瑞士球远离身体，然后做一个俯卧撑。

（5）每组12次，共计3组。

注意事项：髋部和躯干保持在同一水平面上，避免身体弯曲和拱起。

2. 瑞士球提臀平板支撑

这项训练主要锻炼腹直肌、腹横肌、耻骨肌、股中间肌、髂腰肌、长收肌、阔筋膜张肌、背阔肌、股直肌，提高脊柱的稳定性，强化腹部肌肉和髋部屈肌的力量。具体方法如下：

（1）摆出俯卧撑姿势，双臂分开与肩同宽，同时胫骨置于瑞士球上。

（2）在保持双腿伸直的同时使瑞士球朝向身体方向滚动，同时使髋关节尽可能抬高。

（3）身体下移并重复以上动作。

（4）每组20次，共计3组。

注意事项：避免背部拱起和髋部向任何一侧倾斜；动作要尽可能缓慢，双目直视地面。

3. 瑞士球侧卷腹

这项训练用于锻炼腹直肌、腹内斜肌、腹横肌、腹外斜肌、肋间肌，它是一项强化核心力量的高级运动，对强化腹肌、锻炼身体斜肌和肋间肌尤其有效。具体方法如下：

（1）身体左侧卧躺在瑞士球上，左侧髋关节和躯干左侧在瑞士球上，左腿膝关节从地面抬起；右腿跨过左腿，右脚放在左大腿前侧。

（2）双手指尖放在双耳两侧，同时肘关节向外张开。

（3）利用腹肌带动身体动作，躯干抬高直至上半身几乎垂直。

（4）身体下压，重复以上动作，重复做15次。身体另一侧重复以上动作。

（5）身体两侧各进行3组，每组15次。

注意事项：完成动作的过程应当缓慢，切勿利用双腿带动身体动作，核心肌群始终保持紧张。

4. 瑞士球俄罗斯转体

瑞士球俄罗斯转体是一项独特的强化核心肌群的运动，主要锻炼腹直肌、腹横肌、腹内斜肌、腹外斜肌、肱三头肌、背阔肌，同时还可以缩减腰围，使腹肌、斜肌更加紧致有力。具体方法如下：

（1）坐于瑞士球上，双脚分开与肩同宽，将瑞士球朝前滚动，直至颈部撑在球体上方，双臂在胸部正上方伸直、固定。

（2）一侧髋关节向外转动，同时转动躯干和双臂。

（3）身体回到中心位置，然后身体向另一侧重复以上动作。

（4）身体两侧各重复进行15次，共计3组。

注意事项：练习时动作要缓慢克制，注意避免上半身抬离瑞士球或躯干悬空。

5. 瑞士球卷腹

瑞士球卷腹是在基本卷腹运动基础上增加了一个新维度，用于锻炼腹直肌、腹内斜肌、腹横肌、腹外斜肌，通过使身体仰卧在瑞士球上，迫使腹肌更加有力地工作，能够达到强化腹肌、稳定核心肌群的作用。具体方法如下：

（1）身体仰躺，双脚分开比肩略宽，背部撑在瑞士球上，双手贴近双耳，肘部向外张开。

（2）双臂双腿同时抬高，双臂贴近双脚，同时背部挺直。

（3）身体下压，重复以上动作。

（4）每组重复做20次，共计3组。

注意事项：双腿要始终固定在地面上，下背部始终撑在球体上，尽可能地使身体在球体上稳定不动。

6. 瑞士球双腿交替屈膝

这项运动的目的是锻炼腹内斜肌、腹直肌、腹外斜肌，有利于增强核心肌群的力量，甚至对所有为身体提供力量的肌肉群都有一定的锻炼效果，尤其是对核心肌群力量的发展。具体方法如下：

（1）身体笔直地坐在瑞士球上，双脚分开固定在身体前侧，与肩部同宽，双手放在身体两侧的球上。

（2）一条腿上抬，朝胸口方向拉伸。

（3）将抬高的那条腿放下，另一条腿重复以上动作。

（4）每条腿各重复做20次，共计3组。

注意事项：腿上抬时保持膝盖弯曲动作不变，避免背部拱起或向前弯曲。

（二）弹力带训练

弹力带是一种由橡胶制作的能够自由伸缩并且带有弹性的带子。弹力带具有弹性，根据其厚度可确定阻力的大小，运动员克服其弹性能够使相关部位得到很好的锻炼，所以被广泛应用于大众体育、康复领域。弹力带核心力量训练的主要目的是加强核心肌肉力量的训练，通过阻力训练的方法和多个平面内的运动，增加肌肉力量、肌肉围度和肌肉爆发力，提高臀部肌肉对骨盆的控制和对脊柱的稳定作用。

1．弹力带伐木

弹力带伐木是一项强化斜肌的有效运动，利用弹力带阻力，可以锻炼腹直肌、腹横肌、腹内斜肌、腹外斜肌、三角肌、背阔肌、胸大肌，强化核心肌群、双臂和肩关节，使腹肌尤其是斜肌更加紧致。具体方法如下：

（1）将弹力带的一端固定在物体上，身体站直，同时双手握住弹力带的另一端，双臂伸直，躯干转向身体一侧，带动弹力带转动。

（2）躯干转向身体另一侧，身体转动的同时双臂抬高，腹部收紧。

（3）躯干转回中心位置时双臂放下。身体另一侧以同样的动作幅度重复以上动作。

（4）身体两侧各重复20次，两侧各进行3组。

注意事项：摆动动作要有力，扭转动作要缓慢，核心肌群收缩、绷紧。

2．弹力带单腿俯身后拉

这项运动涉及腹直肌、腹横肌、阔筋膜张肌、髂腰肌、臀大肌、股中间肌、背阔肌，通过弹力带阻力，促使腹部、臀部及大腿肌肉收紧，增强大腿肌肉、核心部位力量及骨盆的稳定性。具体方法如下：

（1）将弹力带固定在前方与髋同高的位置，左腿站立，俯身90°。

（2）右腿抬起与地面平行，双手紧握弹力带，掌心向上，直臂伸于肩前方，然后挺胸收腹，肩胛缩回下压。

（3）呼气时双手向两侧回拉，至上臂与右腿成一条直线；吸气时，缓慢回到起始姿势。

（4）身体两侧各重复20次，两侧各进行3组。

注意事项：腹部收紧，注意下背部不要下塌；身体保持平衡，骨盆不要侧倾。

3．侧身平板弹力带

这项运动涉及腹直肌、腹横肌、股直肌、胸大肌、肱二头肌、三角肌、背阔肌，能够有效地强化腹部肌肉以及上背部、下背部和肩关节肌肉，强化并稳定核心肌群及强化双臂肌肉。具体方法如下：

（1）将弹力带的一端固定在固定物上，身体左侧卧，双腿伸直且相互交叠，左臂弯曲呈90°，同时指关节朝前。

（2）右臂握住弹力带的一端，上臂在体前伸直，弹力带与地面保持平行，在前臂撑离地面的同时髋部从地面抬起，直至身体呈一条直线。

（3）将弹力带朝胸口拉伸时上臂弯曲，当身体朝地面方向移动时上臂伸直。身体另一侧重复动作。

（4）身体两侧各重复15次，两侧各进行2组。

注意事项：在确保弹力带拉紧的同时，用前臂和髋部带动身体向上移动，整个运动过程中双腿保持稳定不动。

4．弹力带扭曲滑动

这项运动主要锻炼腹直肌、腹横肌、腹内斜肌、前锯肌、腹外斜肌、肱三头肌、前三角肌，可以使整个核心肌群得到充分锻炼，是强化核心力量的重要运动。此动作幅度较小，但只要姿势正确，会对上腹部有明显的锻炼作用。具体方法如下：

（1）身体呈坐姿，双腿略微弯曲，弹力带缠在双脚后跟下方，双手握住手柄并将其朝双耳方向拉伸。

（2）躯干收缩时，双肘贴近大腿部位，同时肩关节和上背部下压。

（3）躯干恢复直立姿势的同时朝右侧扭曲，右手像开始姿势一样贴近右耳，左臂在头顶上方伸直，并保持拉伸姿势不动。

（4）左臂放下，躯干扭转回到中心位置。用身体另一侧重复以上动作。

（5）身体两侧交替练习，每侧进行15次，共计3组。

注意事项：开始姿势时上半身要伸展拉长；弹力带的两手柄应贴近耳朵；双腿双脚保持固定不动。

5. 跪姿弹力带卷腹

这项训练用于锻炼腹直肌、腹内斜肌、腹外斜肌、阔筋膜张肌、前锯肌、背阔肌、大圆肌、中三角肌、胸大肌、肱三头肌、股直肌。此动作利用弹力带来调动和强化核心肌群。为了获得最佳锻炼效果，要充分利用腹肌带动身体动作，同时身体其他部位保持稳定、协调一致。具体方法如下：

（1）将弹力带系在身体附近的一个稳固物体上，双手抓住弹力带的两端（背对弹力带），双膝跪于垫上，脚后跟抬起，肘关节弯曲，手柄紧贴着双耳。

（2）调动腹肌，髋关节以上部位向前弯曲，直至躯干充分收缩。

（3）背部抬起恢复到开始姿势，重复以上动作。

（4）每组重复25次，共计3组。

6. 仰卧单腿拉弹力带上举

这个运动主要锻炼腹直肌、腹横肌、股中间肌、阔筋膜张肌、臀大肌、臀中肌、股直肌、髂肌、髂腰肌，通过弹力带的抗阻训练，进一步加强核心肌群的力量，提高骨盆稳定性。具体方法如下：

（1）将弹力带的一端固定在一个固定物上，身体仰卧于地面，将弹力带的另一端套在一侧脚踝上。

（2）腹部收紧向上拉弹力带与地面呈90°，膝关节伸直。

（3）将抬高的那条腿放下。身体另一侧重复以上动作。

（4）每侧进行20次，两侧各进行3组。

注意事项：腹部始终处于收紧状态，上举腿伸直，避免膝关节弯曲。

（三）实心球训练

实心球利于抓握，有多种重量选择，可以因人而异、因时而异、因训练目的而异。实心球训练的主要目的是加大核心训练的强度，通过有限的训练时间使训练效果最大化，从而提高运动员扩展力量所必需的身体控制能力，也可以通过增加不稳定因素来提高训练的难度。一般情况下，8～11岁用重量0.5～1千克的实心球，12～14岁用重量2～3千克的实心球。具体方法如下：

1. 实心球站姿俄罗斯转体

实心球站姿俄罗斯转体动作涉及的肌肉部位有腹内斜肌、腹外斜肌、腹横肌、背阔肌，可以有效地强化核心肌群，增强双臂和肩关节的力量。具体方法如下：

（1）双腿分开站立，比肩略宽，双膝微屈，双臂握住实心球在体前伸直。

（2）双臂和躯干转向身体一侧，回到中心位置，然后再转向身体另一侧。

（3）身体恢复到中间位置并重复以上动作。

（4）每组做20个旋转动作，共计3组。

注意事项：扭动动作应流畅克制，双臂保持伸直，避免耸肩和向前弯腰。

2. 实心球画大圆

实心球画大圆运动涉及的部位有腹直肌、腹内斜肌、腹外斜肌、腹横肌、前三角肌，对于腹部前侧核心肌群的锻炼效果非常明显。运动过程中，身体肌肉必须始终保持紧张状态。具体方法如下：

（1）双脚分开站立，与肩同宽或比肩稍宽，双手握住一个实心球，高举过头顶。

（2）继续画圆运动，双臂指向身体一侧，同时头部随着实心球转动，双眼盯紧球体。

（3）双臂保持伸展状态，继续画圈动作，双臂在体前下方伸展，同样头部随球转动，双眼紧盯球体。

（4）双臂指向身体另一侧。

（5）双臂举过头顶，恢复开始姿势。

（6）每个方向完成15～20个大圈，每个方向各2组。

注意事项：双臂保持伸直状态，躯干保持挺直，整个动作缓慢克制。

3. 实心球仰卧起坐

实心球仰卧起坐训练是一项基础锻炼的升级版，主要锻炼前锯肌、腹直肌、腹外斜肌、腹横肌、髂腰肌、阔筋膜张肌、股中间肌、股直肌。

运动过程中，腹部必须特别积极地工作，进一步加强核心区域肌肉群的力量及稳定性。具体方法如下：

（1）面朝上仰卧在垫子上，双臂弯曲，同时双脚固定在地上，双手握住一只实心球放在胸口。

（2）肩部和躯干抬离地面，朝双腿方向拉伸。

（3）身体下压重复以上动作。

（4）每组重复20次，共计3组。

注意事项：在运动的每个阶段实心球始终保持在胸前，同时避免用力过猛。

4. 实心球对角卷腹

实心球对角卷腹训练涉及的肌肉部位有腹直肌、腹横肌、腹外斜肌、肋间内肌、肋间外肌、腹内斜肌，有助于强化腹肌、斜肌和肋间肌。具体方法如下：

（1）双手握住一个实心球，身体仰卧在垫子上，使身体呈一条直线，双脚分开与肩同宽。

（2）利用腹肌带动身体动作，双臂和躯干朝一侧运动。

（3）躯干抬起伸直，并将实心球放在双腿之间。

（4）背部下压恢复开始姿势，将实心球放在头顶的地板上。身体另一侧重复以上动作。

（4）每组重复练习15次，共计3组。

注意事项：双腿和双脚保持稳定不动，动作克制而流畅，避免上肢动作过猛。

5. 两膝夹实心球两头起

两膝夹实心球两头起动作是原两头起动作基础上的加强版，训练的肌肉部位有腹直肌、腹横肌、阔筋膜张肌、股中间肌、股外侧肌，能够更好地刺激核心肌肉群，增加脊柱的活动度。具体方法如下：

（1）仰卧于垫子上，双手抱头，膝关节弯曲夹实心球。

（2）两头起，肘关节尽量触及膝盖。

（3）每组练习15次，共计3组。

注意事项：膝盖夹紧实心球，起来快放下慢。

（四）徒手训练

徒手训练法主要适用于核心力量训练的初始阶段，主要目的是让运动员体会核心肌群的用力及对身体的控制能力。在具体的训练过程中，可根据运动员核心力量的增长情况，采用不同形式的由表及里、由浅入深、由慢及快的训练，可以有效地刺激核心区域不同层次的肌肉群。具体方法如下：

1. 屈膝半蹲

屈膝半蹲涉及的肌肉部位有胫骨前肌、腓肠肌、比目鱼肌、臀大肌、股二头肌、股直肌、股内侧肌等，有利于加强小腿后肌群的力量，提高其柔韧性和平衡能力。具体方法如下：

（1）身体直立，两脚平行，脚尖朝前，两臂向前水平举起，保持平衡。在保证站稳的情况下，脚尖抬起。

（2）收紧腹部肌肉，慢慢下蹲，足跟离地面，背部挺直，头颈上顶，避免身体过度前倾。

（3）呼气的同时慢慢回到起始姿势。动作过程中体会腿部肌肉克服体重做功的感觉。

（4）共练习3组，每组20秒。

注意事项：背部挺直，头向上顶，在动作过程中收紧腹部，脚尖上卷。

2. 屈膝两头起

屈膝两头起涉及的肌肉部位有腹直肌、腹内斜肌、腹外斜肌、腹横肌、阔筋膜张肌、股中间肌、股直肌、股内侧肌、髂肌、梨状肌等，可以增加腹肌的耐力，加强屈髋肌力量。具体方法如下：

（1）平躺在地面，头、颈部、肩部、两腿轻微抬离地面，不要弯腰，两臂抬起平行地面。

（2）膝屈曲向胸前移动，上体前屈，两手触碰踝关节。此时臀部着地，其他部位离开地面。

（3）慢慢打开身体，双腿伸直，上身后躺，回到起始姿势。

（4）重复15次为一组，共计3组。

注意事项：动作过程中要收紧下巴，整个过程中要绷紧大腿。

3. 俄罗斯旋转

俄罗斯旋转可以锻炼腹直肌、腹内斜肌、腹外斜肌、腹横肌、股中间肌、股直肌、髂肌、髂腰肌等，增加腹肌的耐力，加强屈髋肌力量。具体方法如下：

（1）身体呈坐姿，双膝屈曲，两脚平放于地面。两手向前水平举起，位于膝盖上方。

（2）上半身向右扭转，两手触碰身体右侧的地面。

（3）回到起始状态，上半身向左扭转（可适当负重）。

（3）每组每侧完成10次扭转，共计3组。

注意事项：扭转时双脚与地面保持接触，膝关节紧紧靠在一起，颈部和肩部保持放松。

4. 髋关节旋转

髋关节旋转涉及的肌肉部位有阔筋膜张肌、股直肌、股外侧肌、股二头肌、臀大肌、臀中肌、髂胫束、缝匠肌、股内侧肌、股中间肌、长收肌等，利用自身体重练习腹肌，提高腹部肌肉的控制能力。具体方法如下：

（1）坐于地面，两手放于身后支撑，两腿伸直并拢，向上抬起。

（2）在骨盆保持稳定的前提下，慢慢把两腿移动到最右侧、最下方以及最左侧，可适当负重。

（3）共做3组，每组每侧完成5次扭转。

注意事项：两腿来回摆动时，双腿保持伸直；为了更好地支撑起体重，双臂应离身体远一些；整个动作过程颈部保持伸直。

5. 仰卧举腿

仰卧举腿训练涉及的肌肉部位有腹直肌、腹横肌、股中间肌、阔筋膜张肌、臀大肌、臀中肌、股三头肌、股直肌、髂肌、髂腰肌，有利于加强核心区域肌肉力量，提高骨盆稳定性。具体方法如下：

（1）躺于地面，两腿交叉上举，膝关节伸直，两臂伸直放于体侧。

（2）两腿和臀部夹紧，腹肌发力将髋关节抬离地面。

（3）慢慢将膝关节放回到地面。

（4）每组10次，两腿位置互换，共3组。

注意事项：整个过程两腿伸直并绷紧；向上举腿时保持颈部和肩关节放松。

6. V形两头起

V形两头起涉及的肌肉部位有腹直肌、阔筋膜张肌、腹直肌、股外侧肌、股内侧肌、股中间肌、长收肌、排骨肌、肱肌，有利于增强腹肌的力量，提高脊柱的稳定性。具体方法如下：

（1）身体呈仰卧位，两腿抬起与地面成45°～90°的夹角。

（2）吸气，两手上举，肩关节和头部抬离地面。

（3）吸气的同时胸椎屈曲，上身继续抬起到胸廓部位抬离地面。

（4）深吸气时，两手向前触摸脚尖，背部弯曲呈V形；吐气时慢慢放下身体，体会椎体一节节伸展的感觉，回到起始姿势。

（5）每组10次，共计3组。

注意事项：在抬起和放下身体的过程中注意体会脊柱各个椎体之间的相对运动；为了使胸椎和颈椎所受到的力量最小，颈部应该保持伸长且放松状态。

第四节 核心稳定性训练的范围及作用

核心稳定性训练是一种针对身体核心肌群的力量训练方法。所谓的核心肌群，主要是指位于腹部、背部、骨盆和躯干周围的肌肉群，这一肌肉群在维持身体姿势、提供支持和稳定以及进行各种运动中发挥着关键作用。核心稳定性训练的目的不仅仅是增强核心肌群的力量，更重要的是提高肌肉之间的协调性和工作效率。通过这种训练，可以有效地改善身体的平衡性、灵活性和整体运动表现，同时减少运动损伤的风险。"核心稳定性训练作为一种科学的训练方式，在如今的竞技体育运动训练中发挥着越来越重要的作用。"[1]

一、核心稳定性训练的范围

核心稳定性训练在体能训练领域中占据核心地位，其范围涵盖了身体多个关键部位，特别是核心肌群。核心肌群，实际上指的是一系列紧密相连的肌肉群，它们主要分布在腹部、背部、骨盆以及躯干周围。这些肌肉在人体的运动过程中发挥着至关重要的作用，它们不仅负责维持身体的稳定与平衡，还承担着力量传递、动作协调以及能量转换等多重功能。

（一）腹部肌肉的训练

腹部肌肉作为核心肌群的重要组成部分，其强健程度直接关系到身体的稳定性和平衡性。腹部肌肉主要包括腹直肌、腹外斜肌、腹内斜肌以及腹横肌。

---

① 赵文艺.核心稳定性训练在青少年足球训练中的应用探究 [J].拳击与格斗，2022（17）：34.

这些肌肉在人体的运动中起着至关重要的作用，它们不仅帮助人们在进行各种日常活动时保持身体的稳定，还在竞技运动中为人们提供稳定的支撑和强大的动力。

针对腹部肌肉的训练，有多种有效的方法，具体如下：

首先，仰卧起坐是一种经典且广为人知的腹部肌肉锻炼方式，通过反复地起坐动作，可以有效地刺激腹直肌和腹外斜肌。

其次，平板支撑是另一种非常有效的腹部肌肉训练方法，通过保持身体在一条直线上，不仅可以锻炼到腹直肌，还可以同时锻炼到背部的核心肌群。

此外，卷腹也是一种常见的腹部肌肉训练方法，通过收缩腹部肌肉，使上半身向前卷起，可以有效地锻炼腹直肌和腹内斜肌。

（二）背部肌肉的训练

背部肌肉与腹部肌肉相辅相成，共同构成了人体的核心力量系统。背部肌肉主要包括背阔肌、竖脊肌等肌群。一个强健的背部肌肉群，不仅能够帮助人们更好地完成各种日常活动，还能在竞技运动中为我们提供稳定的支撑和强大的动力。

针对背部肌肉的训练，同样有多种有效的方法，具体如下：

首先，引体向上是一种非常经典的背部肌肉训练方法，通过双手抓住单杠，利用背部肌肉的力量将身体向上拉起，可以有效地锻炼背阔肌和竖脊肌。

其次，硬拉是一种全身性的力量训练动作，通过拉起杠铃或哑铃等重物，可以全面地锻炼背部、腿部以及核心肌群。

此外，划船动作也是一种常见的背部肌肉训练方法，通过模拟划船的动作，可以有效地锻炼背阔肌和斜方肌等肌群。

（三）骨盆与躯干周围肌肉的训练

骨盆与躯干周围的肌肉，如髂腰肌、多裂肌等，在核心稳定性训练中同样占据着重要地位。这些肌肉主要负责稳定骨盆和躯干，提高身体的稳定性和平衡性。一个强健的骨盆与躯干周围肌肉群，不仅能够帮助我们更好地完成各种日常活动，还能在竞技运动中为人们提供稳定的支撑和强大的动力。

针对骨盆与躯干周围肌肉的训练，可以通过多种方法来实现，具体如下：

首先，桥式训练是一种非常有效的骨盆与躯干周围肌肉训练方法，通过仰卧在地面上，双脚踩地，双手放在身体两侧，然后利用骨盆和躯干周围肌肉的力量将臀部抬起，使身体呈一条直线，可以有效地锻炼髂腰肌和多裂肌等肌群。

其次，骨盆倾斜训练也是一种常见的骨盆与躯干周围肌肉训练方法，通过有意识地控制骨盆的倾斜角度，可以锻炼到骨盆周围的肌肉群，提高骨盆的稳定性。

此外，还可以通过一些瑜伽动作来锻炼骨盆与躯干周围的肌肉群，如猫牛式、下犬式等。

二、核心稳定性训练的作用

核心稳定性训练在现代体育训练中扮演着至关重要的角色，其作用不仅仅局限于增强核心肌群的力量，更在多个方面对运动员的体能和运动表现产生深远影响。

（一）促进核心力量的传递

核心稳定性训练的首要作用在于促进核心力量的传递。在运动中，核心肌群作为身体的"力量中心"，负责将下肢和上肢的力量有效地传递到身体的各个部位。一个强健的核心肌群能够确保力量的顺畅传递，减少能量在传递过程中的损失，从而提高运动效率。通过核心稳定性训练，运动员可以加强核心肌群的力量和稳定性，使得力量传递更加高效、准确，从而在竞技场上获得更好的表现。

具体来说，核心稳定性训练中的平板支撑、仰卧起坐、俯卧撑等动作，都可以有效地锻炼核心肌群。这些动作不仅可以增强核心肌群的力量，还可以提高核心肌群的稳定性，确保在运动中能够稳定地支撑身体，实现力量的有效传递。此外，核心稳定性训练中的动态训练，如旋转训练、平衡训练等，也可以帮助运动员提高身体的协调性，使得力量的传递更加协调、流畅。

（二）支持运动技术更好发展

核心稳定性训练对于支持运动技术更好发展也具有重要意义。在各项运动中，运动员需要掌握各种复杂的运动技术，这些技术的实现往往需要强大的核心稳定性作为支撑。通过核心稳定性训练，运动员可以提高身体的稳定性和平衡性，从而更加容易地掌握和运用各种运动技术。

例如，在足球运动中，运动员需要完成各种跑动、跳跃、转身等动作，这些动作都需要强大的核心稳定性来支撑。通过核心稳定性训练，运动员可以提高身体的稳定性和平衡性，使得这些动作更加流畅、准确，从而提高运动表现。在篮球运动中，运动员需要完成各种跳投、突破等动作，这些动作同样需要强大的核心稳定性来支撑。通过核心稳定性训练，运动员可以更加稳定地完成这些动作，提高投篮命中率和突破成功率。

（三）增强核心部位的稳定性

核心稳定性训练的核心作用在于增强核心部位的稳定性。核心部位包括腰、腹、背等区域，这些区域的稳定对于身体的平衡、协调和动作执行至关重要。通过核心稳定性训练，运动员可以加强这些区域的肌肉力量和稳定性，从而提高身体的整体稳定性。

增强核心部位的稳定性对于运动员来说具有多方面的好处。首先，它可以减少因身体不稳定而导致的运动损伤风险。其次，它可以提高运动员在运动中的平衡性和协调性，使得运动员能够更加自如地应对各种复杂的运动环境。最后，它可以增强运动员的身体控制力，使得运动员能够更加准确地执行各种动作和技术。

在核心稳定性训练中，可以通过各种动作来锻炼核心部位的肌肉。例如，平板支撑可以有效地锻炼腹直肌和背部的核心肌群；仰卧起坐可以锻炼腹直肌和腹外斜肌；引体向上则可以锻炼背阔肌和竖脊肌等。这些动作都可以有效地增强核心部位的稳定性和力量。

（四）预防运动中的损伤

核心稳定性训练在预防运动中的损伤方面也发挥着重要作用。运动损伤是运动员在训练和比赛中常常面临的问题，而核心稳定性不足是导致运动损伤的一个重要因素。通过核心稳定性训练，运动员可以加强核心肌群的力量和稳定性，从而降低因身体不稳定而导致的运动损伤风险。

具体来说，核心稳定性训练可以提高运动员在运动中的平衡性和协调性，使得运动员能够更加自如地应对各种复杂的运动环境。这有助于减少因身体失衡而导致的摔倒、扭伤等常见运动损伤。此外，核心稳定性训练还可以增强运动员的身体控制力，使得运动员能够更加准确地执行各种动作和技术，从而减少因技术动作不规范而导致的运动损伤。

在训练中，教练员应该注重核心稳定性训练的安排和实施，确保运动员能够在安全的环境下进行训练。同时，运动员也应该认真对待核心稳定性训练，积极参与训练，并在训练中注重自我保护，避免不必要的运动损伤。

（五）弥补传统训练的不足

传统训练往往注重四肢力量的训练，而忽视了对核心肌群的训练。这种训练方式虽然可以提高运动员的四肢力量，但在面对复杂的运动环境时，往往会出现力量传递不畅、身体不稳定等问题。核心稳定性训练可以弥补传统训练的不足，通过加强核心肌群的力量和稳定性，提高运动员在复杂运动环境中的稳定性和控制力。

具体来说，核心稳定性训练可以加强核心肌群与四肢之间的协调和配合。在运动中，核心肌群与四肢之间的协调和配合对于动作的流畅性和准确性至关重要。通过核心稳定性训练，运动员可以更加自如地运用四肢力量，实现更加流畅、准确的动作执行。此外，核心稳定性训练还可以提高运动员的身体控制力和平衡性，使得运动员在运动中更加稳定、自信。

因此，在现代体育训练中，核心稳定性训练已经成为不可或缺的一部分。教练员和运动员应该充分认识到核心稳定性训练的重要性，并将其纳入日常训练计划中，以提高运动员的体能和运动表现。

第四章
现代体能专项项目训练

第一节　足球运动及其体能训练

　　足球运动作为全球最受欢迎的运动项目之一，其竞技性和观赏性深受人们喜爱。在足球比赛中，球员的体能水平直接决定了球队的整体表现。因此，体能训练在足球训练中占据着举足轻重的地位。通过科学系统的体能训练，球员可以提高力量、速度、耐力和敏捷性，从而更好地应对激烈的比赛节奏和对手的挑战，为球队的胜利贡献力量。

一、足球运动的力量素质训练
　　根据运动时肌肉收缩形式的不同，力量素质分为静力性力量和动力性力量。根据足球运动的比赛特点，其多表现为动力性力量。动力性力量又可分为重力性力量和速度性力量，速度性力量占有显要地位。力量素质是各项素质的基础，也是足球运动员掌握运动技能、提高运动成绩的基础。在快速、激烈的现代足球比赛中，运动员不仅要克服自身体重、球及对手冲撞的阻力去完成各种跑、跳、急停、突起、转身等动作，还要准确地完成传球、接球、顶球、运球及射门、合理冲撞等技术动作，如果没有足够的力量素质，就不可能完成技术动作。

（一）颈部、上肢与肩背力量的练习
　　第一，两手扶头，在颈部转动时给予抵抗力。
　　第二，在垫上做颈桥，并推举哑铃、壶铃或轻杠铃。
　　第三，俯卧撑：俯卧撑向侧、向前跳移，双杠双臂屈伸，单杠引体向上。

第四，推小车：甲俯卧，两臂伸直。乙两手抬起甲的两脚，甲用两手向前"行走"。

第五，两人面对面坐地，两腿分开，抛、传实心球或足球。

第六，哑铃和杠铃练习。

第七，联合器械的上肢拉伸。

第八，重叠俯卧撑：甲保持俯卧姿势，乙在甲的背上做俯卧撑，或者甲、乙二人同时做俯卧撑。

（二）腰腹力量的练习

第一，仰卧起坐，仰卧举腿，仰卧快速屈体。

第二，侧卧做体侧屈，俯卧做体后屈。

第三，仰卧，两脚夹球离地15～20厘米，以腰为圆心画圆。

第四，肩负杠铃做体前屈或转体、抓举杠铃。

第五，展腹跳：爆发起跳并充分展腹，向后屈膝，两手尽可能地接触脚跟。

第六，跳起空中转体或收腹用力顶球。

第七，跳绳中的两摇一跳和三摇一跳。

第八，联合器械的腰腹练习。

（三）腿部力量的练习

第一，各种跳跃：立定跳远、多级跳远、蛙跳、助跑跳远；肩负杠铃或手握哑铃连续向上跳；单腿或双腿起跳摸高或用头触球；连续向前并腿或单腿跳；利用不同高度的凳子、桌子或专设的跳台依次做连续的跳深练习。

第二，肩扛杠铃做提踵或脚掌走，肩负杠铃由站姿下降至深蹲。

第三，向前后连续快摆大、小腿。腿上可绑沙袋。

第四，远距离传球和大力射门。

第五，斗鸡：相互用大腿撞、挑或压对方大腿，用肩冲撞对方或闪躲对方撞击，以将对方撞击成两脚着地者为胜。

第六，背人接力：全队分成两组，成纵队站在起点，听到"预备"令时，一人将另一人背起，见教练员手势后起跑，跑过对面的标志后交换背人，跑回起点时拍第二对同伴背后，第二对再跑。依次做完，最先跑到终点的一组为胜。

第七，小腿负重踢球：要求在不影响正确动作规范的前提下尽力踢球。

二、足球运动的速度素质训练

足球是一种耐力性项目，但速度素质在足球运动员的身体素质中占有重要的地位，比赛中往往起最终决定性作用的是速度。比赛速度的加快，对足球运动员的速度能力提出了更高要求。在很大程度上，良好的速度是比赛中取得时间和空间优势的重要因素，往往能体现出个人或整队进攻的威胁性和防守的可靠性，所以速度逐渐成为足球攻守战术能否奏效的决定性因素之一。

第一，各种姿势的起跑（10～30米）：采用蹲踞式、站立式、侧身站立、背向站立、坐地、坐地转身、俯卧、仰卧、后滚翻、原地跳跃（模仿跳起顶球动作）等姿势做起跑练习。

第二，在活动情况下的突然起动练习（5～10米）：在小步跑、慢跑、高抬腿、侧身跑、颠球、顶球、传接球等情况下快速起动跑。

第三，利用快速小步跑、高抬腿跑、顺风跑、下坡跑和牵引跑等练习，促使运动员突破"速度障碍"，提高位移速度。

第四，60米、80米、100米的全速跑、变速跑，提高位移速度。

第五，在快跑中看教练员的手势、抛球等信号，做急停、转身、变向、跳跃和翻滚等动作。

第六，做全速运球跑、变速运球跑、变向运球跑等练习。

第七，采用后蹬跑、单腿侧蹬跑、短距离转身跑、各种追逐跑等，发展爆发力。

第八，在长约20米的距离内，设置不同距离间隔和有方向变化的标杆或锥体，让运动员以尽可能快的速度绕杆跑，发展运动员绕晃对手的快跑能力。

第九，抢球游戏：全队分为两排，相距20米，面对站立，在中间10米处画一条线，每隔2米放一个球，运动员依次面对球站好。当教练员发出信号后，双方快速跑上抢球。球抢得多的一方为胜。

第十，追球：射门运动员2人一组，可分为若干组，在中圈外的中线两侧站好，利用两球门同时练习。球集中在中圈教练员脚下，当教练员将球向一个球门踢出并同时发出口令时，两翼运动员快速起动追球射门。要求未拿到球的运动员必须紧逼持球队员，并在持球运动员射门前跑至球门线处，以发展速度和加强射门意识。

三、足球运动的耐力素质训练

第一，有氧耐力训练。有氧耐力训练主要包括：①确定距离跑，如3000米、5000米、8000米、10000米等不同距离的越野跑、公路跑；②定时跑，如12分钟跑等；③足球场上穿足球鞋的长距离跑，绕乡间小路的慢跑；④100～200米的间歇跑，400～800米的变速跑，距离一定要长。

第二，无氧耐力训练。无氧耐力训练主要包括：①重复多次的30～60米冲刺跑；②100～400米高强度的反复跑和1～2分钟极限练习；③原地快速跳绳，30秒×10次，60秒×5次，每次间歇30～60秒；④各种短距离追逐跑；⑤进行5米、10米、15米、20米、25米折返跑；⑥往返冲刺传球；⑦体能循环练习，可以是折线快跑20米、仰卧屈体5次、冲刺10米、突停转身铲球、快跑中跳起头顶球3次、冲刺射门2次、三级蛙跳。或者根据队内实际情况改变各站设置；⑧规定时间做不同人数的传抢球练习。

四、足球运动的灵敏素质训练

灵敏素质是足球运动员的运动技能和各种素质在运动过程中的综合表现，对技战术效果起着不容忽视的作用。

第一，交叉步前进或后退练习，前后交叉加侧出步侧向移动练习。

第二，各种跑的练习，如快速后退跑、转身跑、快速跑动中看手势改变方向、快速连续绕障碍跑等。

第三，各种滚翻与起动跑：运动员分散站开，听一声长哨做前滚翻，听一声短哨做后滚翻，然后向规定的方向起跑。

第四，听掌声或哨声起动跑，教练员可不断变换信号。

第五，喊号追人：将运动员分成若干组，每组若干人，分别坐在中圈上，教练员喊某一编号，各组该号运动员沿中圈快跑，以最快返回自己位置者为胜。

第六，躲闪摸杆：防守队员站于杆前，进攻队员用虚晃动作骗取防守队员的重心偏离，然后超过防守队员用手摸杆。

第七，两人冲撞躲闪：两人一组，在慢跑中试图冲撞对手，对手应尽可能躲闪，避免被撞到。

第八，多种动作过障碍：在场地一区域设若干障碍物，要求队员做跳、滚翻、爬、跑等多种动作并尽可能快地完成练习。

第二节 网球运动及其体能训练

网球运动是深受人们喜爱的一项运动，在运动员进行网球运动训练时，科学的体能训练不仅有助于提升运动员的体能素质，还能提升运动员的网球专项运动能力。

一、网球运动的基础体能训练

基础体能训练能够为专项体能训练打下良好的基础。以下分别阐述网球运动的力量素质、速度素质、耐力素质、灵敏素质和柔韧素质等基础体能的科学化训练方法。

（一）网球运动基础力量素质训练

1. 徒手训练

网球运动力量素质基础体能训练，常见的训练方法有以下类型：

（1）原地转髋跳训练。运动员在原地起跳，腾空后在空中快速做向左、向右转动髋部的动作，落地后再起跳，重复进行。

（2）坐姿摆臂前移身体训练。运动员双腿伸直并拢坐在地面或者垫子上，双手持重物或者徒手快速做摆臂动作，带动身体前移，重复进行。

（3）直膝大步走训练。运动员伸直左腿直膝向前迈步，左脚后跟滚动着地至前脚掌，这个过程身体重心会随之前移，当重心前移超过支撑点的垂直部位后做后蹬动作，后蹬快要结束时右腿直膝向前迈步，做与左脚相同的动作，两脚交替重复进行。

（4）踝屈伸跳训练。运动员呈直立姿势，双腿直膝跳起，当双脚离开地面后两脚尖尽量向上翘起，落地后重复进行。

（5）立定跳远训练。运动员呈直立姿势站好，两脚分开与肩同宽，两手臂上举使身体充分伸展，然后屈膝下蹲，双脚用力蹬地起跳，要尽量向前上方跳起并前引双脚落地，重复进行。

（6）挺身展髋训练。运动员两脚开立与肩同宽，先屈膝下蹲，然后双脚蹬地用力起跳，身体腾空使两脚用力向后抬，尽量使双手触碰到双脚，落地后重复进行。在练习过程中要注意动作姿势的准确性。

（7）原地快速高抬腿训练。运动员呈直立姿势站好，上身保持挺直，两肘关节弯曲约90°，之后两腿依次迅速向上抬起，抬起到大腿与地面平行的角度，双臂随着腿部动作摆动，前摆摆到肩部高度，后摆摆到臀部之后即可。

2. 器械训练

网球运动力量素质基础体能训练要借助其他器械进行训练，常见的训练方法有以下类型：

（1）屈腕训练。进行屈腕训练能够发展运动员前臂前部和屈腕肌群的力量：运动员坐在凳子上，两肘部置于双膝上，双手紧握轻杠铃，然后做手腕屈伸动作，重复进行。

（2）原地拉胶带训练。选取一根长度为2～3米的胶带，在进行训练之前将胶带的一端在地面上进行固定。运动员面对胶带站立，站立时右脚在前左脚在后，两脚分开的距离约为肩宽的一半，右手紧握胶带的另一端。弯曲右腿使身体重心降低，将身体重心落在右腿上，左侧肩部和右侧膝盖大致保持在一条垂直线上，右侧髋部和腿部同时发力带动身体和右臂向投掷的方向转动，然后以胸部带动手臂拉引胶带模仿推球的动作，停顿几秒后恢复原位，重复进行。

（3）颈部伸臂训练。对运动员进行颈部伸臂训练，能够增强运动员上臂后部肌群的力量：选取重量适宜的轻杠铃，身体直立，两脚分开与肩同宽，两手心朝后反握轻杠铃将其置于颈部后侧，用力伸直双臂将杠铃举过头顶，停顿几秒后慢慢屈臂使杠铃恢复到颈部后侧的位置，重复进行。

（4）肩负杠铃伸膝做体前屈运动训练。肩负杠铃伸膝做体前屈运动训练有两种训练方法。

训练方法一：运动员呈站立姿势，在其前脚掌下垫上一块高度约为4厘米的木板，双手紧握杠铃置于肩上，然后做快速向上蹬起的训练，重复进行。

训练方法二：运动员呈站立姿势，双手紧握杠铃置于肩上，然后做快速半蹲再直立站起的动作，重复进行。

（5）站立头后拉杠铃训练。运动员背靠长凳站立，使背部躺靠在长凳上，选择重量适宜的轻杠铃，伸直双臂紧握杠铃置于头部上方，此时，双脚在地面呈前后开立的姿势。然后沿头部后半圆的路线做下降杠铃的动作，同时髋部向上提，当杠铃下降到一定程度后，借助身体下振的反弹力以及胸部发动的力量带动双臂快速地将杠铃上拉到原来的位置，停顿几秒后重复进行。

（6）悬垂摆腿训练。运动员双手抓住肋木使身体保持悬垂，借助腿部摆动的力量使身体向上迅速摆动，重复进行。为了强化训练的效果，训练时可以在运动员的小腿部位绑上沙袋进行负重训练。

（7）跳深训练。在训练之前准备8～10个高度为60～80厘米的箱子，将箱子按照1米的间距依次排列成一条直线；运动员面对第一个箱子站立开始训练，跳上箱子再跳下去，然后迅速跳上下一个箱子，直到跳完最后一个箱子，重复进行。在练习时要注意使下肢的各个关节都得到充分的训练，练习过程中要注意动作完成的速度。

（二）网球运动基础速度素质训练

网球运动速度素质基础体能训练，常见的有徒手训练和借助其他器械进行训练两种方式。

1. 徒手训练

网球运动速度素质徒手训练，常见的训练方法有以下类型：

（1）信号反应训练。对运动员发出各种信号，然后运动员通过视觉、听觉、知觉等对信号刺激做出反应，这种训练方法一般适用于网球运动初学者。

（2）选择性信号反应训练。训练开始之前先与运动员确定信号代表的动作，训练开始之后，对运动员发出相反的信号，让运动员做出正确的动作反应；或者对运动员发出正确的信号，让运动员做出相反的动作反应。

（3）摆臂训练。运动员呈直立姿势站好，两臂肘关节弯曲约90°，然后以短跑姿势做前后摆臂动作，向前摆动摆至肩部高度，向后摆动摆至臀部之后，重复进行。

（4）跑步动作平衡训练。对运动员进行跑步动作平衡训练，能够使运动员踝关节肌群的紧张度以及稳定性得到增强。训练者保持最快速度时的单脚支撑姿势，用左脚掌做支撑，两肘关节弯曲约90°，左手在肩部高度，右手在髋部高度，右腿尽量抬高使右脚脚踝尽量靠近臀部，坚持数秒之后换右脚掌作为支撑脚进行平衡训练，重复进行。

（5）两人拍击训练。两人一组进行训练，两人面对面站立，听到训练开始的信号后，两人都想方设法去拍击对方的背部，同时要保证不被对方击中，规定训练的时间，在一定时间内被击中次数少的人即为胜者，重复进行。

（6）折叠腿大步走训练。对运动员进行折叠腿大步走训练，能够使运动员脚步的动作速度得到有效提升。采用短跑身体姿势和摆臂的手臂动作大步向前走，摆动腿充分屈膝向高抬，脚部尽量靠近臀部，注意抬腿时脚尖要翘起，当摆动腿达到最高位置后，后蹬腿支撑脚底部的肌群要用力屈踝快速蹬地，两腿依次进行。

（7）踮步高抬腿伸膝走训练。对运动员进行踮步高抬腿伸膝走训练，能够提升运动员伸髋速度和大腿后部肌群快速发力的能力。训练方法与折叠腿大步走训练相似，只不过踮步高抬腿伸膝走训练在高抬摆动后需要在体前充分伸膝，而且还要加上踮步的动作。

（8）单腿跳训练。单脚重复做起跳与落地动作，跳起的高度不宜过高，起跳身体腾空后，起跳腿用力在空中向前摆动，大腿与地面保持平行，脚落地时不要向前伸小腿，要采用主动扒地方式快速落地。需要特别注意的是，在整个训练过程中，身体的上半部分一定要保持正直的姿势。

（9）跨步跳训练。双脚依次做起跳和落地的动作，跳起的高度不宜过高，跳起腿的大腿要与地面保持平行，脚落地时不要向前伸小腿，要采用主动扒地方式快速落地，落地后换另一条腿跨步起跳，注意跨步步长要大于正常跑步时的步长。

（10）后踢腿训练。对运动员进行后踢腿训练，能够使运动员脚步的动作速度得到提高。运动员在慢跑的过程中，弯曲膝关节使小腿向后上方摆动，摆动腿部使脚跟与臀部接触。需要注意的是，在训练过程中，身体的上半部分一直保持正直的姿势。

（11）缓坡上坡跑训练。如果想要发展运动员的最大速度，可选择坡度在3°以下的缓坡；如果想要发展运动员的加速能力，采用的坡度可以适当增加。

（12）越野跑训练。在野外进行1小时的越野跑，跑步的速度可以不固定，可以在跑步的过程中对跑步的速度进行调整。需要注意的是，运动员在整个训练过程中要注意监测心率，心率变化要控制在每分钟150~170次。

2. 器械训练

网球运动速度素质借助器械的训练，常见的训练方法有以下类型：

（1）反应起跳训练。三人一组进行训练，其中一人手持长杆作为圆心，另外两人站在以长杆为半径的圆圈内。训练开始之后，持长杆的人开始在地面画圈，站在圈内的人在长杆到自己脚下时要迅速起跳绕过长杆，从而保证自己的脚不被长杆打到，否则将被替换为持竿人。为了增加练习的难度，持长杆的人可随时变换画圈的方向。

（2）仰卧快速斜推哑铃训练。对运动员进行仰卧快速斜推哑铃训练，能够使运动员胸部、肩部等肌肉群的速度力量得到发展，同时也能增强运动员的身体平衡能力。可用一个健身球作为训练的辅助工具，运动员头部躺在健身球上，两脚着地作为支撑，身体的体重由上背部支撑，然后运动员双手各持一个重量适宜的哑铃，迅速向上推哑铃，重复进行。

（3）俯卧快速提转哑铃训练。对运动员进行俯卧快速提转哑铃训练，能够使运动员肩部、臀部肌肉群的速度力量得到发展，同时也能增强运动员的爆发力。用一个健身球作为训练的辅助工具，运动员的胸部贴紧健身球，身体伸直呈俯卧姿势，双手各持一个重量适宜的哑铃，上臂外展，前臂垂直向下，提拉上臂，当达到与地面平行的角度时，前旋前臂进一步提升哑铃的高度，达到最高处后保持几秒，然后恢复原位，重复进行。

（4）抢球训练。选用几个实心球作为训练的辅助工具，实心球的个数要比运动员少一个。将球围成一个圆圈，运动员围绕圆圈外围慢跑，当听到抢球信号后，运动员迅速做出反应抢球，若运动员没能抢到球就出局，然后去掉一球继续进行训练，直到只剩下一个运动员为止。

（5）高抬腿跑绳梯训练。对运动员进行高抬腿跑绳梯训练，能够加快运动员的步频，提高运动员快速高抬折叠腿的能力。准备一个每格宽度约为50厘米的绳梯，先进入绳梯格子的摆动腿尽力高抬，两脚依次交替尽快跑完绳梯的每一个格子。

（6）脚回环训练。对运动员进行脚回环训练，能够增强运动员摆动腿快速折叠和前摆的能力。单腿作为支撑腿，手扶固定物保持身体平衡，另一条腿以短跑动作进行回环练习，脚的回环动作路线在身体前侧完成，在动作过程中回环拍击臀部，以扒地动作结束。

（7）踢腿打吊球。将球吊在一定的高度，高度主要由运动员的身高决定。开始训练之后，运动员采用倒钩或者前踏的动作在原地或者跳起来做踢腿打吊球的动作。

（三）网球运动基础耐力素质训练

网球运动耐力素质的基础训练主要是走或跑的训练，常见的训练方法有以下类型：

第一，大步快走或交叉步走训练。选择公路或者其他自然环境，使运动员进行大步快走或者交叉步走训练，也可以在训练过程中交替使用各种步伐，前进1000米为一组，每次训练4~6组，每组之间休息3~4分钟，训练强度安排在40%~50%。

第二，水中快速走或大步走训练。选择一个深度为30~40厘米的水池，让运动员在水池中进行快速走或大步走训练，快速走前进200~300米为一组训练，大步走前进100~150步为一组训练，每次训练进行4~5组，每组之间休息5分钟，训练强度安排在50%~55%。

第三，水中间歇高抬腿训练。选择一个深度为30~40厘米的水池，让运动员在其中做高抬腿练习，每次完成100次高抬腿为一组训练，每次训练进行4~6组，每组之间休息3分钟，训练强度安排在60%~65%。

第四，间歇车轮跑。在原地做车轮跑动作或者做行进间车轮跑动作，车轮跑50~70次为一组训练，每次训练进行6~8组，每组之间休息2~4分钟，训练强度安排在75%~80%。

第五，高抬腿跑转加速跑训练。让运动员做高抬腿向前跑动20米后转为加速跑，向前行进80米即为一组训练，每次训练进行5~8组，每组之间休息2~4分钟，训练强度安排在80%~85%。

第六，反复加速跑训练。让运动员加速跑100米或者更长的距离，完成之后放松走回原地，即为一组训练完成，每次训练进行8~12组，训练强度安排在70%~80%。

第七，反复跑台阶训练。选一处高度在20~50厘米的连续台阶，让运动员连续跑台阶，每步跨2个台阶，跑30~40个台阶为一组训练，每次训练进行6组，每组之间休息5分钟，训练强度安排在65%~70%。

第八，匀速持续跑训练。让运动员匀速向前跑动，中间不停歇跑60分钟以上。需要注意的是，在跑步过程中要对心率进行监测，保证心率在每分钟150次左右。

第九，变速越野跑训练。让运动员在野外进行越野跑，要求运动员在1000~1500米行进中进行快速跑或加速跑，训练强度安排在60%~70%。

第十，间歇快跑训练。让运动员以100%的强度快速向前行进100米，然后慢跑1分钟即为一组训练，每次训练进行10~30组。

第十一，俄式间歇跑训练。训练时采用固定速度配合固定的间歇时间，随着训练水平的不断提高，逐渐缩短间歇时间。例如，在练习800米跑的过程中，让运动员按照规定速度跑200米后休息20~30秒，然后重复进行训练，当运动员的水平有所提高之后，休息时间缩短为10~20秒，重复进行。

第十二，持续接力跑训练。4~5人为一组进行训练，每个人都用全力快速向前跑100~200米，然后让下个人接力继续向前跑动，每个人都跑完一次即为一组训练。

（四）网球运动基础灵敏素质训练

网球运动灵敏素质的基础训练，常见的训练方法有以下类型：

第一，正踢腿转体训练。一条腿作为支撑腿，另一条腿自下向前上方踢腿，注意上踢腿速度要快，当踢腿至最高点（距离前额30厘米以内）时，以支撑腿为轴使身体向后转180°，然后腿落地，注意落腿时动作要轻，两腿交替重复进行。两腿上踢次数达到20次即为完成一组训练，每次训练需进行3组。

第二，弓箭步转体训练。让运动员以左侧弓箭步姿势站好，两手自然垂于身体两侧，听到训练开始的信号后，运动员两脚用力蹬地起跳，身体向左或者向右转体180°后，落地呈右侧弓箭步姿势，重复进行。连续跳转10秒为一组训练，每次训练需进行3组。

第三，扑球训练。两人一组进行训练，两人面对面站立，一人抛球一人接球，抛球者需要将球抛至接球者身体的任意一侧，接球者要采用侧垫步、交叉步等方式起跳扑球并用手接住球，两人交替重复进行。

第四，快速移动跑训练。运动员保持站立姿势，仔细观察教练员，当听到教练员的口令或者看到手势指令时，按照信号指示进行向前、向后、向左或向右快速变化跑的动作。在训练过程中，教练员发出指令的时间间隔不要超过2秒，每次进行15秒为一组训练，每次训练需进行3组。

第五，模仿跑训练。两人一组进行训练，两人之间间隔3米前后站立，训练开始后，前面的人向前跑动，跑动过程中要做转身、急停、变向、跳跃等不同的动作，后面的人要模仿前面人的动作进行，要求与前面的人做出相同的动作变换。每次进行15秒为一组训练，每次训练需进行4组，每组之间可设置30秒的间歇时间。

第六，跨障碍跑训练。运动员面对设置了障碍的跑道站立，当发出训练开始的信号后，运动员要通过跑、跳、越等方式跨过跑道上的障碍物并跑完全程，通过不断训练，缩短跑完全程的时间。跑完全程即为一组训练，每次训练需进行2～3组。

第七，躲闪摸肩训练。两人一组进行训练，两人同时站在直径3米的圆圈内，当听到训练开始的信号后，两人在圈内想方设法摸对方的左肩，每次进行30秒即为一组训练，30秒内被摸肩次数少者即为胜者，每次训练需进行5～6组。

第八，过人训练。两人一组进行训练，两人同时站在直径3米的圆圈内，以圆圈的某一条直径为界限，每人站一半，当听到训练开始的信号后，两人都尽量通过晃动、躲闪等假动作摆脱对方的防守进入对方的半个圆圈，重复进行。

（五）网球运动基础柔韧素质训练

网球运动柔韧素质的基础训练，常见的有徒手训练和借助器械训练两种主要形式。

1. 徒手训练

网球运动柔韧素质徒手训练，常见的训练方法有以下类型：

（1）跪撑正压腕训练。两手臂和两膝盖作为支撑俯卧在地面，两臂伸直，手指向前，大腿与地面垂直，两脚尖点地，呼气的同时使身体重心向前移动带动手腕正压，前移幅度尽量大，到达极限后保持10秒，然后恢复原位，重复进行。

（2）跪撑反压腕训练。两手臂和两膝盖作为支撑俯卧在地面，两臂伸直，手指向后，大腿与地面垂直，两脚尖点地，呼气的同时使身体重心向后移动带动手腕反压，后移幅度尽量大，到达极限后保持10秒，然后恢复原位，重复进行。

（3）团身颈拉伸训练。仰卧在地面或者垫子上，举腿团身，用头的后部和肩部支撑身体，双手在两膝后抱住双腿，呼气时将胸部向大腿拉近，使小腿前部与地面接触，动作保持10秒之后恢复原位，重复进行。

（4）向内拉肩训练。运动员呈直立姿势站好，两脚开立与肩同宽，抬起左臂，使左臂肘关节与肩齐高，屈肘与右臂交叉，右臂也抬起至肩部高度并用右手抓住左臂的肘关节，呼气时右手向后拉，后拉幅度尽量大，使肩部得到充分的拉伸，动作保持10秒后恢复原位，以同样的方法换另一只手臂进行练习。两臂交替重复进行。

（5）背向压肩训练。手臂伸直向后抬起扶住墙壁，抬起的高度与肩部齐平，手指向上，两脚开立与肩同宽，呼气时弯曲两膝使身体重心下移，双手扶墙的位置不变，使肩部的高度低于手的位置，动作幅度尽量大，到达极限后保持动作10秒，然后恢复原位，重复进行。

（6）向后拉肩训练。运动员呈直立姿势站好，两脚开立与肩同宽，双手在背后合掌，手指向下，呼气时转动手腕使手指向上，吸气时后拉肘部使双手向上移动，动作幅度尽量大，到达极限后保持动作10秒，然后恢复原位，重复进行。

（7）坐压腿训练。运动员呈坐姿，一条腿伸直，另一条腿屈膝并将脚跟紧贴在伸直腿的大腿内侧，训练开始，运动员上身前倾尽量向伸直腿贴近，身体前倾时要注意背部伸直，伸直腿不要屈膝，动作幅度尽量大，到达极限后保持动作10秒，然后恢复原位，练习一定时间后换另外一条腿伸直，按照上述方法重复进行。

（8）站立伸背训练。运动员面对栏杆站立，双脚并拢，上体前倾至与地面平行的姿势，伸直双臂扶住面前的栏杆，头部的高度略低于手臂高度。保持四肢伸直，做屈髋动作，呼气时双手抓住栏杆下压上体，使背部呈下凹形弓背姿势，动作幅度尽量大，达到极限后保持动作10秒，然后恢复原位，重复进行。

（9）仰卧团身训练。运动员仰卧在地面或者垫子上，弯曲膝盖，使两脚掌充分与地面接触，两手自然放在两膝下，训练开始，双手牵拉膝盖向胸部和肩部，并使髋部提起，动作幅度尽量大，达到极限后保持动作10秒，然后恢复原位，重复进行。

2．器械训练

网球运动柔韧素质借助器械的训练，常见的训练方法有以下类型：

（1）持哑铃颈拉伸训练。运动员呈直立姿势站好，双脚并拢，左手持一个重量适当的哑铃使肩部尽量向下沉，右手经过头顶扶在头部左侧，呼气时用右手将头部向右侧拉伸，使头部尽量贴在右侧肩膀上，动作保持10秒后恢复原位，训练一定时间后换另一侧继续进行。注意动作过程一定要缓慢以保证安全。

（2）跪拉胸训练。运动员跪在地面或者垫子上，身体向前倾，两臂的小臂交叉放在高于头部的台子上，呼气时使胸部和头部向下沉，尽量使胸部和头部与地面接触，保持动作10秒后恢复原位，重复进行。

（3）交叉腿做毛巾拉小腿训练。运动员呈坐姿，左腿伸直，右腿交叉压在左腿上，双手分别握住一条毛巾的两端，将毛巾套在左脚上，呼气时运动员拉毛巾，动作幅度尽量大，达到极限后保持动作10秒，然后恢复原位，重复进行，训练一定的次数或时间之后，换右腿伸直，按上述方法重复训练。

二、网球运动的专项体能训练

网球运动的专项体能训练能够帮助运动员提升网球运动技术水平。以下分别阐述网球运动力量素质、速度素质、耐力素质、柔韧素质和灵敏素质等专项体能的科学化训练方法。

（一）网球运动专项力量素质训练

网球运动专项力量素质训练主要有三种方式：徒手训练、器械训练、斜板训练。

1．徒手训练

在对网球运动专项力量素质进行徒手训练时，主要针对以下部位进行训练：

（1）锻炼上肢力量。俯卧撑训练能够有效提升运动员的上肢力量，训练时，运动员俯卧在地面上，用两手掌和两脚撑地，两臂伸直，手指向前或者向内，以两臂的屈伸带动躯干上下运动。

（2）锻炼手指和手腕的力量。增强手指和手腕力量的有效方式是手指撑地，以爬行的姿势向前行进或向后退。

（3）锻炼肩部和两臂的力量。最常用的增强肩部、两臂力量的训练方法是对墙倒立。

（4）锻炼腹肌以及腹内、外斜肌的力量。常见的增强腹肌以及腹内、外斜肌力量的方法是仰卧起坐接转体训练。运动员仰卧在地面，屈两膝使两脚掌充分与地面接触，两手抱头，抬起上体，坐起后右臂肘部触碰左侧大腿一次，左臂肘部触碰右侧大腿一次，重复进行。

（5）锻炼腹肌以及腰背肌的力量。运动员做仰卧两头起的动作训练，训练过程中尽量使两手臂去触碰两脚背，这种训练方法对于增强运动员腹肌以及腰背肌力量十分有效。

（6）锻炼腰背的力量。常见的增强腰背力量的训练方法是俯卧两头起。运动员俯卧在地面或者垫子上，两手臂向前伸直，两腿伸直并拢，使脚背与地面接触，然后两臂和两腿保持伸直状态同时向上抬起，使身体呈背弓姿势，只有腹部和地面接触，反复训练。

（7）锻炼大腿前群肌肉的力量。常见的增强大腿前群肌肉力量的训练方法是单腿蹬起。运动员左腿作为支撑腿，右腿伸直抬起与地面平行，屈伸膝盖使身体不断下蹲站起，练习一定的时间或次数后换右腿作为支撑腿，反复训练。注意在练习过程中，抬起的腿始终保持伸直状态，在训练之初，为了保持身体的平衡性，可以借助一定的辅助物作为支撑。

2. 器械训练

网球运动专项力量训练的器械训练分为两种：一种是利用杠铃进行的训练，另一种是利用哑铃进行的训练。

（1）杠铃训练。

第一，抓举杠铃、挺举杠铃的方法可以使全身的各个部分都得到力量锻炼。

第二，仰卧推举杠铃的方法能够有效增强肩部和两臂的力量。

第三，负重转体能够有效增强腹内、外斜肌以及竖脊肌的力量。运动员呈直立姿势站好，两脚分开与肩同宽，两手紧握杠铃置于颈部后，保持两脚不动，身体先向左转体至极限，再向右转体至极限。

第四，增强大腿及臀部肌肉力量最好的杠铃训练方法是负重深蹲。运动员呈直立姿势站好，两脚分开与肩同宽，两手紧握杠铃置于颈部后，挺胸塌腰，身体向下蹲，站起时挺胸抬头，腰部保持收紧。注意动作要缓慢。

第五，负重分腿跳杠铃训练方法能够有效增强小腿和足部肌群的力量。运动员呈直立姿势站好，两手紧握杠铃置于颈部后，连续快速地做前后分腿跳起的动作。

第六，负重提踵杠铃训练方法能够有效提升小腿后群肌肉的力量。运动员呈直立姿势站好，两手紧握杠铃置于颈部后，脚前掌站于低台阶上，脚后跟先尽量下压，然后快速向上提起，重复进行。

（2）哑铃训练。

第一，颈后臂屈伸哑铃训练方法能够有效增强肱三头肌的力量。运动员呈直立姿势站好，两手各紧握一个哑铃，将上臂固定在头部两侧，掌心向后，然后做肘屈伸动作，反复练习。

第二，臂环绕哑铃训练方法能够使锻炼者前臂肌肉力量得到增强。运动员呈直立姿势站好，两手各紧握一个哑铃，然后两臂同时向内或者向外做屈伸环绕动作，反复练习。

第三，直臂上举哑铃训练方法能够发展肩带肌肉的力量素质。运动员呈直立姿势站好，两手各紧握一个哑铃，两手同时做前平举、上举或侧上举的动作，反复练习。

第四，仰卧上举哑铃训练能够使锻炼者胸部肌肉的力量得到提升。运动员仰卧在地面或者长凳上，两手各紧握一个哑铃，两臂在身体两侧同时做上举动作，反复练习。上举时肘部可微屈。

3. 斜板训练

（1）斜板滚球训练。对网球运动员进行斜板滚球训练，能够使其腹部、背部和肩部肌群的力量都得到一定的发展。

具体训练方法：固定斜板使其与地面形成30°左右的夹角，运动员面向斜板并站立在斜板低端，将球置于斜板上双手扶球，两脚作为身体的支撑保持不动，弯曲膝盖使身体前倾，用双手将球向上滚动，到达极限后再将球滚回，重复训练。

（2）侧卧腿绕环训练。对网球运动员进行侧卧腿绕环训练，能够有效发展其髋部和躯干两侧肌群的力量，还有利于增强其爆发力。

具体训练方法：伸展身体侧卧于斜板之上，在上方的一条腿伸直做绕环动作，注意动作幅度要尽量大，进行一定的时间或次数之后，换另一条腿重复训练。

（3）侧卧提腿训练。对网球运动员进行侧卧提腿训练，对于发展运动员髋部和躯干两侧肌群的力量十分有效。

具体训练方法：伸展身体侧卧于斜板之上，在上方的一条腿脚踝固定在拉力器绳索或者橡胶带上，拉力方向靠近身体斜下方，尽量快速向上提腿，进行一定的时间或次数之后，换另一条腿重复训练。

（二）网球运动专项速度素质训练

网球运动专项速度素质训练的方式主要有两种：一种是跑的训练，另一种是结合场地与球的训练。

1. 跑的训练

网球运动专项速度素质训练中跑的训练，常见的有以下方法：

（1）加速跑。运动员听到训练开始信号后做30米向前加速跑的动作，反复训练。

（2）变速跑。运动员听到训练开始信号后先全速向前跑30米，然后按照惯性再向前跑40米后，再全速跑30米，以此类推反复训练。

（3）冲刺跑。运动员听到训练开始信号后做30米向前冲刺跑的动作，反复训练。

（4）折回跑。运动员在网球场上进行跑步训练，从底线开始，手触底线向前跑动，摸到球网之后折回跑至底线，以此循环反复训练。

（5）滑步接加速跑。运动员听到训练开始信号后先做侧滑步动作5米至标志线的位置，然后改为变速跑向前跑20米，反复训练。

（6）变向起跑。运动员侧向或背向蹲立，当听到训练开始的信号后转向起跑方向向前跑30米，反复训练。

2. 结合场地与球的训练

网球运动专项速度素质训练中结合场地与球的训练，常见的有以下方法：

（1）见线折返跑。运动员在网球场地上进行跑的训练，看到线就折返跑，反复训练。

（2）短距离折返跑。运动员在网球场地上进行跑的训练，在网球场单打边线间进行折返跑训练，反复进行。

（3）快速挥臂训练。快速挥臂训练能够提高运动员在网球运动发球时的挥臂速度。徒手快速挥臂做鞭打动作，也就是做网球发球时挥拍的动作，可以借助网球、羽毛球、乒乓球等进行投掷练习，反复训练。在投掷训练的过程中，可以一人投掷，也可以进行两人对掷。

（三）网球运动专项耐力素质训练

网球运动专项耐力素质训练的方式主要有三种：一种是跑的训练，另一种是跳的训练，还有一种是结合场地与球的训练。

1．跑的训练

网球运动专项耐力素质训练中跑的训练，常见的有以下方法：

（1）原地跑。跑时腿要尽量抬高，至少抬至腰的高度，尽量加快跑的速度，注意用前脚掌着地跑。

（2）变速跑。变速跑主要包括三种形式：①加速跑50米后变为慢速跑再前进50米；②加速跑30米后变为慢速跑再前进70米；③加速跑100米后变为慢速跑再前进50米。

（3）爬坡跑。爬坡跑包括两种训练形式：①进行100～200米有氧耐力爬坡跑；②进行50～60米高强度的无氧耐力爬坡跑。

（4）长跑。长跑的距离有四种形式：1000米、1500米、3000米、3000～5000米，可以选用任意长度让运动员进行长跑训练。在日常训练中，长跑训练不宜进行过多，但每周至少要进行一次。

（5）楼梯跑。运动员面对楼梯进行折返跑，往上跑时可以放慢速度，然后折返快速下楼并迅速跑回起点，也可以快速沿楼梯往上跑，然后折返慢速下楼后慢速跑回起点。

（6）综合跑训练。常见的综合跑训练有以下方法：

第一，运动员进行20～30米的高抬腿跑组合20～30米的加速跑为一组训练，先后顺序可调整，每次进行4～5组。

第二，运动员进行20～30米的高抬腿跑组合30～50米的后蹬跑为一组训练，先后顺序可调整，每次进行4～5组。

第三，运动员以站立式姿势起跑，起跑后进行30～60米的加速跑为一组训练，每次进行4～5组。

第四，运动员进行20～30米的放松大步跑组合20～30米的加速跑为一组训练，先后顺序可调整，每次进行4～5组。

2. 跳的训练

网球运动员专项耐力素质训练中跳的训练，常见的有以下方法：

（1）向左、向右跨步跳训练。运动员两脚开立与肩同宽，上身保持挺直，右脚蹬地，左脚向左前方跨步，然后左脚蹬地，右脚向右前方跨步，依次交替反复训练，直到双脚各跨步30次即为完成一组训练。

（2）跳高台训练。运动员面对高台或者楼梯站立，做连续跳上高台或者连续跳楼梯的动作，连续跳20次高台即为一组，连续跳40级楼梯也为一组训练。

（3）台阶交换跳训练。运动员面对台阶站好，然后按照一定的节奏和顺序，变换不同的步法进行跳台阶训练，每次连续跳5分钟为一组训练。

（4）跳绳训练。跳绳是一项极具趣味性的活动，对于提升运动员的爆发力十分有效，同时，它也能够有效地提升运动员的耐力素质。

3. 结合场地与球的训练

（1）结合场地的训练。教练员站在网球场的网前，一名运动员站在网球场底线的中点处，教练员连续向其送出斜线球，运动员击中球之后马上跑回底线中点处。每名运动员连续进行2分钟即为完成一组训练，一组训练完成后有2分钟的间歇时间，之后继续投入训练，每次需进行5组。

（2）结合球的训练。常见的结合球的训练有以下方法：

第一，击短球训练。运动员向左或向右移动连续进行击短球练习，完成20～40个球即为一组训练。

第二，截击球训练。运动员向左或向右移动连续进行截击球练习，完成20～40个球即为一组训练。

第三，抽击球训练。运动员向左或向右移动连续进行底线抽击球练习，完成30～50个球即为一组训练。

第四，截击球和高压球交替训练。运动员前后移动连续交替进行截击球和高压球练习，完成20～40个球即为一组训练。

（四）网球运动专项灵敏素质训练

网球运动员专项柔韧素质训练，常见的训练方法包括以下类型：

第一，急停急跑训练。教练员对运动员发出急停或急跑的口令，运动员听到口令后做相应的动作，跑出一段距离后返回，返回途中也要根据教练员的口令做转身跑、变向跑、后退跑等动作。

第二，闪躲跑训练。事先画两条间距为30米的平行线，在平行线之间每隔6米插上一根标枪，训练开始之后，运动员从一条平行线后迅速跑向另一条平行线，跑的过程中需要躲避标枪。

第三，十字交换跳训练。运动员呈直立姿势站好，双脚同时起跳，做前后左右十字交换跳动作。

第四，起跳转动训练。运动员呈直立姿势站好，两脚分开与肩同宽，两脚同时起跳，身体腾空后转动髋部带动身体做90°、180°、360°转体运动后落地。

第五，传接球训练。两人一组进行训练，一人作为传球者，另一人作为接球者。传球者向不同的方向抛传网球，接球者快速移动接球，接到后传给传球者，训练一定的时间之后两人交换角色继续训练。

第六，迈步转髋训练。运动员呈直立姿势站好，髋部向右侧转动，同时高抬左脚向右前方迈步，左脚落地后快速使髋部向左侧转动，同时高抬右脚向左前方迈步，重复进行。

（五）网球运动专项柔韧素质训练

对网球运动员进行专项柔韧素质训练，主要是对运动员的上肢、下肢和躯干进行针对性训练。

1. 上肢柔韧素质训练

（1）拉指训练。对运动员进行拉指训练，能够有效发展其手臂前、后部肌肉的柔韧素质。左臂伸直，掌心向上，用右手压左手手腕，使左手手指向下，两手交替训练。

（2）肩部伸展训练。左臂在身体左侧自然下垂，右臂屈肘，用右手抱住左臂肘部，用力将其向胸部拉压，到达极限后动作保持5秒，换另一侧交替进行。

（3）开门拉肩训练。选择一处门框，运动员前后开立站在门框中央，左臂肘关节外展到肩的高度，左臂的前臂向上，掌心对墙，呼气时上体向右侧转动使左肩充分拉伸，反复训练一定的次数或时间之后换另一侧进行训练。

（4）助力转肩训练。两人一组进行训练，其中一人作为助力者，运动员伸出右臂屈肘90°做侧举动作，助力者固定住运动员右臂肘关节，用力向后推手腕，到达极限后保持动作10秒，换左臂进行训练。两人交替进行助力训练。

2. 躯干柔韧素质训练

（1）体前屈训练。运动员呈直立姿势站好，两腿伸直，上体前倾向下振，尽量使胸部贴近两腿，双手能够抱住踝关节，动作幅度尽量大，达到极限后保持动作15~20秒，反复训练，不断增大振幅，提升身体的柔韧性。

（2）体后屈训练。运动员呈直立姿势站好，上体挺腹，两脚跟提起，身体尽量向后屈，使双手尽量触及地面，到达极限后动作保持数秒再还原成直立姿势，反复训练。

（3）体侧屈训练。运动员呈直立姿势站好，两脚分开与肩同宽，双手合掌上举过头顶，身体向左侧侧屈，到达极限后保持动作10秒，然后恢复成直立姿势，以同样的方法向右侧侧屈。

（4）俯卧撑起上体训练。运动员呈俯卧姿势，双腿伸直，两脚背触地，双手置于髋部两侧，掌心向下撑地，手指向前，双臂用力将上体撑起，头部向后仰，形成背弓姿势，动作幅度尽量大，动作完成后保持10秒，然后还原成俯卧姿势，反复训练。

3. 下肢柔韧素质训练

（1）仆步侧压腿训练。运动员左腿伸直，右腿完全下蹲，使两脚脚掌着地，用右手按住右脚背，左手放在两脚之间，做下振动作，随着训练的进行逐渐增加振幅，进行一定时间的训练之后两腿交换练习。

（2）侧压腿训练。运动员站在高低适宜的单杠前，左腿作为支撑腿，将右腿抬起放到单杠上，两腿都保持伸直状态，身体侧倾压腿，进行一定时间的训练之后两腿交换练习。

（3）弓步压腿训练。运动员左腿向前迈出一大步，两手按在两膝上呈弓步姿势，身体向前方移动，两脚跟不离地做压腿训练，进行一定时间的训练之后换右腿练习。

第三节 羽毛球运动及其体能训练

羽毛球运动对人们的体能有着很高的要求，特别是对羽毛球运动员而言，想要打好羽毛球并取得优异的成绩，就必须通过体能训练提升自身的体能水平。

一、羽毛球运动的基础体能训练

羽毛球运动的基础体能训练主要包括基础力量素质训练、基础速度素质训练、基础耐力素质训练、基础灵敏素质训练和基础柔韧素质训练五个方面。

（一）羽毛球运动基础力量素质训练

1. 上肢基础力量训练

（1）哑铃操练习。使用哑铃对上肢力量进行训练是一种常见的方式，也是初学者提高力量素质的一种十分有效的方式。由于每个人的情况不同，因此，运动员在进行上肢力量训练时应该选择适合自己的哑铃重量。如果所选哑铃的重量较重，负荷练习的次数就会较少，完成的速度也会较慢；与之相反，如果所选哑铃的重量较轻，负荷练习的次数就会增加，完成的速度也会较快。通常来说，哑铃的重量为3公斤、5公斤、7公斤、10公斤不等，负荷练习的次数可以对应安排为10次×3组、15次×3组、20次×3组、30次×3组不等。

使用哑铃练习具体包括六种方式：①持哑铃向头上推举；②持哑铃在胸前进行推举；③持哑铃在身体侧方进行平举；④持哑铃在身体前方进行平举；⑤持哑铃做扩胸动作；⑥持哑铃在身体侧方做提收动作。

在练习哑铃操时，负荷练习主要包括两种方法：①选择重量较重的哑铃，按照上面提到的六种哑铃练习方式分别做一组，连续完成这六项内容为一大组，完成一大组之后休息2分钟，一共需要练习3～6大组；②选择重量较轻的哑铃，将上述六种哑铃练习方式各做3小组，每小组之间休息2～3分钟，然后逐渐完成六项内容。不过，以上练习仅仅作为参考，在进行具体操作时要根据实际情况进行适当的调整。

（2）上肢静力性练习。上肢静力性练习是指选择重量较轻的哑铃进行静止力量练习，练习目的是使人体各大肌肉群的绝对力量得到增强。上肢静力性练习主要包括四种练习方式：①持哑铃在身体侧方进行静力平举；②持哑铃在身体前方进行静力平举；③手腕静力对抗；④肩臂静力支撑。

由于每个人的实际情况不同，所以在做上肢静力性练习时要注意把握好时间的长短，如30秒、1分钟、2分钟或者更长时间等。

（3）上肢15～20公斤杠铃练习。上肢15～20公斤杠铃练习主要是利用杠铃对上肢动作的爆发力和协调能力进行锻炼。上肢15～20公斤杠铃练习的具体练习方式主要包括三种：①提起杠铃做抓举动作；②持杠铃使前臂在身体前方进行屈伸；③持杠铃进行前后分腿跳并做挺举动作。

（4）杠上练习。杠上练习主要包括三种方式：①利用单杠做引体向上；②利用双杠做支臂静力支撑；③利用双杠做屈臂撑。

除上述提到的四种练习方式外，基础力量素质训练的练习方式还包括仰卧撑、俯卧撑、卧推举等。

2. 下肢基础力量训练

（1）下肢杠铃负重练习。下肢杠铃负重练习是为了提高羽毛球运动员下肢肌肉的爆发力与绝对力量。当运动员利用一定重量的杠铃进行负重练习时，其下肢肌肉的力量会明显增强。运动员在选择杠铃的重量时不能过重或者过轻，通常10～15公斤为宜，在练习过程中还要注意保持一定的速度与频率，通常练习3～5组，每组20次左右。下肢杠铃负重练习主要包括以下方式：

第一，负重静力半蹲。上身保持正直，屈膝90°左右，坚持一定的时间，使大腿肌肉和膝关节的承受能力得到锻炼。

第二，负重半蹲起跳。运动员身负一定重量的杠铃做半蹲动作，之后抬起足跟，利用踝关节的力量连续向上做蹬跳动作，这有利于提高脚弓的爆发力。

第三，负重全蹲起跳。这种练习方式的动作幅度比半蹲起跳更大一些，要利用大腿、小腿、踝关节的力量连续向上蹬跳，姿势要尽可能保持直立状态。

第四，提踵。运动员身负杠铃保持直立姿势，然后利用小腿与踝关节的力量连续向上做提踵动作。

第五，单脚或双脚前后左右蹬跳。运动员身负杠铃保持直立姿势，然后单脚或双脚朝着前后左右一米进行蹬跳练习。

第六，弓箭步跨步。运动员身负杠铃保持直立姿势，保持上身正直，然后朝着规定方向做弓箭跨步动作，既可以左右腿分开跨步练习，也可以左右腿交叉跨步练习，该动作有利于提高羽毛球运动员的腿部力量。

（2）跳跃练习。初学者在增强下肢力量时通常会采取各种跳跃动作进行练习，随着练习不断深入，他们的负荷练习也会相应增加，例如，他们会在腿上系上沙袋等进行负重练习。以下为不同姿势的跳跃动作：

第一，纵跳摸高。设置一个目标物，目标高度以运动员全力跳起恰好可以碰到的高度为宜，运动员身体呈站立姿势，然后全力跳起去触摸目标物，这种练习的目的是锻炼腿部的爆发力。需要注意的是，运动员在跳的过程中既要竭尽全力，也要保持一定的频率，一共做3～5组，每组做20～30次。

第二，单腿蹬跳台阶或者高凳。运动员身体呈站立姿势，利用一定高度的台阶或者高凳，先用一只脚踩在台阶或者高凳上做蹬起动作，重复该动作之后换另一只脚继续该动作，这项练习主要是为了锻炼运动员的腿部力量和踝关节力量。需要注意的是，开始练习这个动作时要注意安全，以免脚踝受伤。

第三，双脚跳跃障碍物。设置具有一定难度的障碍物，如羽毛球筒，要确保障碍物是稳固的，之后运动员要按照要求双脚进行跳跃障碍物练习。这项练习主要是为了锻炼运动员的腿部力量以及身体的协调性和灵敏性。

第四，蹲走。运动员保持全蹲姿势，用前脚掌朝前方或者后方行走，在此过程中，运动员要尽可能保持一定的速度，手臂在进行前后摆动时用力要协调。需要注意的是，在进行该项练习时，运动员要根据自己的实际情况合理把握练习的负荷量。

第五，全蹲向上跳。运动员保持站立姿势，然后向下全蹲再用力向上跳起，落地之后再次下蹲并再次向上跳起，反复练习该动作，通常以20次左右为一组，稍做休息后再练习3～5组。这个动作有利于提高踝关节、大腿及小腿的爆发力。

（3）局部小肌肉群练习。局部小肌肉群的力量练习主要包括以下类型：

第一，训练腰部与大腿内、外侧肌肉的力量。运动员身体保持直立姿势，双手放在腰部，脚背系上沙袋，之后通过大腿带动小腿朝前后或者侧方做快速摆腿的动作。

第二，训练股二头肌力量。运动员身体保持直立或者俯卧姿势，双手握住一个固定物，脚踝负重，然后单膝向后弯曲成直角，反复练习，之后换另一条腿重复上述动作。

第三，训练股四头肌力量。运动员坐在凳子上，双腿自然弯曲，脚背负重然后单腿或者双腿向上抬举至伸直状态，反复练习该动作直到达到一定的次数。

（4）力量练习游戏。游戏也是力量练习的重要形式之一，它能够提高力量训练的趣味性与练习的效果。力量练习游戏主要包括以下形式：

第一，爬走。运动员保持俯卧姿势，除了手脚之外，身体的其他部位都不能触碰地面，然后迅速向前爬行。

第二，推"车子"。运动员保持俯卧撑地姿势，同伴将其两条腿当作车子的扶把抬起，然后运动员用两只手支撑起身体向前爬行。

第三，大象走。运动员模仿大象用双手、双脚着地，先用同侧手脚同时向前迈出第一步，之后换另一侧手脚同时向前迈出第二步，按照这个方法不断练习。注意运动员要保持抬头挺胸，腰部也要挺直。

3. 躯干基础力量训练

（1）杠铃负重练习。运动员俯卧或者仰卧在两条凳子上，身体中部悬空，然后将2.5~5公斤不等的杠铃放于身体悬空的部位，然后保持这个姿势静力支撑一段时间，这项练习可以使躯干、背肌、腰腹的力量得到锻炼。

（2）垫子或横跳箱上练习。垫子或横跳箱上练习主要包括以下三种形式：

第一，俯卧起。运动员在肋木前的垫子或横跳箱上保持俯卧姿势，用脚后跟勾住肋木，颈背部放上沙袋等重物，然后做屈体后仰动作，从而使运动员背部肌肉的力量得到锻炼。

第二，侧卧起。与俯卧起的设备相同，不过运动员是侧卧于垫子或横跳箱上，然后用脚踝勾住肋木，双手拿着重物或者徒手进行侧卧起练习。

第三，仰卧起坐。与俯卧起的设备相同，不过运动员是仰卧于垫子或横跳箱上，然后用脚踝勾住肋木，双手拿着重物或者徒手进行仰卧起坐练习。

（二）羽毛球运动基础速度素质训练

1. 基础反应速度训练

反应速度是羽毛球运动员对来球进行判断并做出各种击球动作的基础与前提，因此，每一名羽毛球运动员都必须积极训练以努力提高自己的反应速度。

具体可以通过以下方式进行训练：

（1）看手势起跑。看手势起跑的具体内容是运动员站在起跑线的位置，对发令员的手势进行观察，一旦发令员做出起跑的手势，运动员就需要马上起动并向前进行冲刺跑。

（2）听口令转身起跑。听口令转身起跑的具体内容是运动员背向起跑线，并保持坐式、站式或者蹲踞式的起跑姿势，一旦听到发令员发出起跑的口令，运动员就需要马上转身起动并向前进行冲刺跑。

（3）视、听信号变速冲刺跑。视、听信号变速冲刺跑是一种混合训练方式。运动员以慢跑的节奏进行运动，当其看到或者听到信号之后需要马上朝着既定的方向加速冲刺跑，第二次获得信号后再次恢复慢跑，第三次获得信号后则再次加速冲刺跑，如此反复进行变速冲刺跑练习。

2. 基础移动速度训练

在羽毛球训练中，即使羽毛球运动员具有很快的反应速度，但若是其移动速度很慢，那么他们还是不能快速移动到最佳位置，这会使羽毛球运动员错失时机。因此，除了良好的反应速度，羽毛球运动员还要具备快速的移动速度。移动速度训练是羽毛球运动员必不可少的体能训练内容，具体可以采取以下训练方式：

（1）直线冲刺跑。根据跑步距离的不同，直线冲刺跑的练习可以采取以下方式：

第一，10米冲刺跑。主要训练羽毛球运动员从静止状态到跑步起动的爆发力。

第二，30米加速跑。主要训练羽毛球运动员起动之后连续进行加速的能力。

第三，60米途中跑。主要训练羽毛球运动员以最快速度进行一定距离移动的能力。

第四，100米冲刺跑。在练习100米冲刺跑时，要注意后半程不但不能减速，还要尽量加快跑步的速度，这是为了使羽毛球运动员挑战自己的身体极限。

第五，200米、400米中距离跑。主要是为了提高羽毛球运动员的速度耐力。

（2）往返冲刺跑。往返冲刺跑的练习主要包括以下方式：

第一，来回跑。运动员可以选择5米、8米、10米、15米不等的距离做来回冲刺跑练习。需要注意的是，无论冲刺跑的距离有多长，运动员在跑的过程中都必须全力以赴、加速向前，要以最快的速度到达终点位置，然后再立刻转身折返跑。此外，为了保持最快的速度，运动员进行冲刺跑的距离不要太长，往返的次数也不宜太多。

第二，10米前后冲刺跑。运动员从起点开始加速冲刺跑到终点，然后再从终点迅速后退跑到起点，如此反复进行练习。

第三，10米左右侧向并步跑。先右脚在前，然后以左脚向右脚进行并步的方式侧向跑至终点，然后再按照左脚在前，右脚向左脚进行并步的方式侧向跑回起点。在练习过程中，运动员可以采用纵直立姿势或者半蹲姿势两种姿势跑，不过无论采用哪种姿势起跑都要竭尽全力进行冲刺。

（3）接力跑。接力跑主要包括以下两种形式：

第一，将参加训练的运动员分成人数相等的若干个小组，当听到口令之后，每组中的第一个人立即以最快的速度冲向终点，到达终点后要快速绕过标志物继续往回跑，当其跑回到起跑线的位置时拍击第二个人，第二个人要以相同的方式进行冲刺跑，以最快的速度完成一轮的小组获胜。

第二，将参加训练的运动员分为两组，每组人数为6人，在地上画出两条相距大约2米的平行线。每组的运动员沿着所画的线站成纵队，彼此之间要保持一定的距离。当听到起跑的口令后，站在队伍最后的运动员在接到球后，要按照蛇形的方式依次绕过本组队友，在此期间，这名运动员不能碰到自己的队友，当其跑到队伍最前面时要立即将球抛给本组队伍中最后一个人，接到球的人则以相同的方式进行蛇形跑，这样依次进行之后，最先完成传球且在跑的过程中没有碰触到本组队友的一组获胜。

3. 基础动作速度训练

除了良好的反应速度和快速的移动速度，羽毛球运动员还要具备良好的动作速度，如果动作速度过慢，羽毛球运动员就很容易错失最佳的击球时机。因此，加强动作速度训练也是必需的，具体可以采取以下训练方式：

（1）快速跑跳台阶练习。

第一，1级台阶迅速上下往返跑。选择一个比较长的台阶，运动员以最快的速度和小碎步的频率，从台阶底层一步1级迅速跑至顶层，之后再以相同的速度和频率回到原点，通过反复练习来提升运动员的动作速度。需要注意的是，如果运动员想要提升自己的腿部力量和动作速度，在跑步的过程中要用前脚掌与踝关节进行发力，同时抬腿的最佳高度是刚刚超过台阶的高度，这样可以避免影响运动员的动作速度。

第二，1级台阶单脚快速跳。选择一个比较长的台阶，运动员按照单脚的方式迅速从台阶底层一步1级跳到顶层，之后再跑回原点换另一只脚重复刚才的动作，然后反复练习。需要注意的是，做上述动作时动作的频率要快。

第三，1级台阶双脚快速跳。练习方法与1级台阶单脚快速跳的方法相同，唯一的区别在于运动员是用双脚进行起跳的。

第四，2~3级台阶交叉蹬跨步跑。选择一定长度的台阶，运动员以最大的步幅从下往上进行加速冲刺跑，每一步所跨台阶数量为2~3个，在跑的过程中要使前腿充分抬高，后腿也要充分后蹬，按照一定的节奏与弹性，努力提升腿部的力量。

（2）快速超越障碍物练习。按照既定的动作方式，运动员迅速迂回地绕过60米距离内的障碍物，或者采用迅速跨越的动作越过这段距离内的障碍物，然后反复进行练习。

（3）下坡冲刺跑。选择一个有一定坡度且较为平坦的坡，然后进行短距离的下坡冲刺跑，在此过程中，运动员要注意不断加快步频。

（三）羽毛球运动基础耐力素质训练

一般而言，中等或长距离的跑步和上下肢与躯干力量耐力练习是训练耐力素质的有效方法。

第一，中等或长距离跑步训练。运动员要根据自己的实际情况选择适当的跑步距离。具体的选择种类包括：①400米或800米跑步训练；②1000~5000米中、长距离跑步训练；③2000米、3000米或5000米以上长距离变速跑训练；④超过10000米的越野长跑训练。

第二，上下肢和躯干力量耐力训练。上下肢和躯干力量耐力训练可以参考力量素质训练中对上下肢与躯干力量进行练习的内容，但需要注意的是，在练习过程中，运动员要根据自己的实际情况采取适当的内容与方法。

（四）羽毛球运动基础柔韧素质训练

1. 拉长身体各部位韧带训练

（1）伸展。运动员双脚开立与肩同宽，两臂在胸前呈平屈状态，掌心朝下，之后两臂随着上体左转并向两侧展开，通过做向后振臂动作来拉长韧带，动作还原后两臂再向相反的方向做相同的动作，如此反复练习。

（2）跳跃。运动员双脚开立与肩同宽，两臂在体侧平举，向上跳起两次，落下时两脚并拢，同时两手在头顶上方拍两下，之后继续向上跳两次，并按照一定的频率反复练习上述动作。拍手时要注意两臂必须伸直。

（3）屈体。运动员双脚开立与肩同宽，两臂分别向斜上方举起，两臂之间的距离比肩略宽，上体尽可能向前弯曲，双手先在左膝后面击掌一次，之后再在右膝后面击掌一次，依次反复练习上述动作。

（4）体侧屈伸。运动员双脚开立与肩同宽，左手放在腰部，右臂向上保持伸直状态，上体向左侧弯曲，进行侧屈伸练习，完成一定的次数之后，变换方向，使右手放在腰部，左臂向上保持伸直状态，上体向右侧进行侧屈伸练习。需要注意的是，在进行侧屈伸动作时，叉腰的手可以施加推力，但是手的动作必须轻柔。

（5）触摸脚尖。运动员双脚分开站立，比肩略宽，两臂处于自然下垂的状态，上体向前弯曲，先用左手指尖触摸右脚脚尖，再用右手指尖触摸左脚脚尖，依次反复练习上述动作。

2. 拉或压韧带训练

（1）正面压腿。运动员面对肋木站立，一条腿抬起放在肋木上，另一条腿做支撑，之后用力压靠所抬起那条腿的膝部，完成一定的次数后交换两条腿的位置继续相同的动作。需要注意的是，在进行压腿动作期间，两条腿的膝盖都不能弯曲，且髋关节要与被压腿保持垂直。此外，侧面压腿和正面压腿除了伸腿的方向不同，压腿的方法基本相同。

（2）下腰。运动员背对肋木，两条腿自然分开站立，两臂向上举起并带动上体向后仰，然后双手抓住肋木进行拉伸躯干部位的练习。

（3）劈叉。运动员利用肋木，交替练习横劈叉（侧向）与竖劈叉（正向），进行竖劈叉时，左右两条腿可以交替在前。

（五）羽毛球运动基础灵敏素质训练

1. 抛接羽毛球训练

抛接羽毛球的训练方式主要包括以下类型：

（1）运动员向上抛起羽毛球后立即下蹲，双手碰触地面后快速起立并用右手接住羽毛球。这种训练可以通过游戏的方式进行，可将连续完成一定次数且速度最快的人定为获胜者。

（2）运动员用右手向上抛起羽毛球，与此同时要原地起跳并向左转体一周，并接住羽毛球。之后换成用左手向上抛起羽毛球，同时转体的方向改为向右，其他要求不变，如此反复练习上述动作。

（3）运动员两脚分开站立，上体微微向前弯曲，一只手拿羽毛球并将其从背后经胯下抛向身前，之后运动员迅速站直身体并接住羽毛球，如此反复练习上述动作。

（4）运动员单脚站立，同一侧的手从身后将羽毛球经肩膀上方抛向身前，运动员接住羽毛球之后才可以把抬起的那只脚放下，然后交换另一只脚站立，抛接羽毛球的手也要换成另一只手，其他要求不变，如此反复练习上述动作。

（5）运动员在体前平举两臂，用右手将羽毛球从左臂下方向上抛起并用右手接住，在多次练习之后再换左手进行相同的动作，如此反复练习上述动作。

2. 变向能力训练

（1）抢球。将所有运动员分成两组，一组传接羽毛球，另一组努力进行拦截，拦截成功后两组互相交换角色，最后比较两组控球时间的长短。需要注意的是，控球的人在传接球时不能停顿过长时间。

（2）过人。在地上画一条横线，两名运动员在横线两侧面对面站立，一人攻，一人守。负责进攻的运动员要努力越过横线且不被防守的运动员触碰到自己的身体，负责防守的运动员则要伸开双臂对进攻的运动员进行阻拦，尽可能不让其越过横线。这项训练主要是为了提高羽毛球运动员在移动中的变向能力。

3. 灵敏游戏训练

（1）沙包击人。运动员在一个长、宽分别约为8米和4米的场地内开展躲沙包游戏，运动员站在场地中间，陪练者在场地两端用小沙包击打运动员，运动员要尽量不被沙包击中，一旦被击中，对方就可以得一分。

（2）持球过杆。在一条20米长的直线上插上10根杆，运动员拿着羽毛球拍向上抬羽毛球，与此同时，运动员要绕着杆进行曲线接力跑练习。

二、羽毛球运动专项体能训练

（一）羽毛球运动专项力量素质训练

1. 上肢专项力量训练

（1）哑铃操练习。哑铃操具体的练习方式包括：①使用前臂力量将哑铃朝着头后方举；②使用双臂力量做持哑铃上下"8"字绕肩动作；③双手持哑铃，前臂做屈伸动作；④双手持哑铃，手腕做屈伸动作；⑤双手持哑铃置于身体前面，手腕做绕"8"字动作；⑥双手持哑铃置于身体前面，挥动前臂做"8"字挥动动作。

将上述动作组合在一起做完一轮视为一个大组，运动员通常需要练习4~6个大组，不过还是要根据运动员的实际情况进行动作练习。

（2）拉皮筋练习。将一条粗橡皮筋的一头固定在建筑物上，另一头由运动员拉紧，然后进行拉皮筋动作练习，具体的练习方式包括：①上臂在身体前做展屈动作，该动作与杀球下压动作类似；②前臂在身体前做屈伸动作，该动作与挑球动作类似；③反手挥臂动作，与反手杀球和反手击高远球动作类似；④前臂在肩上做屈伸动作，该动作与击高远球动作类似；⑤手腕做屈伸动作，该动作与击球发力动作类似。

（3）沙瓶或网球拍挥拍练习。将饮料瓶装满沙子，然后用沙瓶或者直接用网球拍做与击球动作类似的动作练习，这是为了提高羽毛球运动员的上肢击球力量，具体包括以下动作练习方式：

第一，后场击高球或杀球动作挥拍。这项练习既可以在原地练习击球挥拍动作，也可以结合后场转体起跳练习击球挥拍动作。需要注意的是，运动员挥拍动作练习时要保证一定的数量和一定的挥拍速度。

第二，反手高手击球动作挥拍。握拍的一只手握紧沙瓶或者网球拍，手的位置在右肩上方，之后练习反手高手击球挥拍动作。

第三，前臂前后快速挥拍。握拍的一只手握紧沙瓶或者网球拍，手的位置在体侧肩部以上部位，将肩部作为轴心，练习前臂前后快速挥拍动作。

（4）投掷实心球练习。如果只有一名运动员，该运动员则面对墙壁站立；如果有两名运动员，两人可面对面站立，两人之间的距离保持在8～10米。运动员用持拍的手握紧实心球，然后按照与后场击球类似的动作打出实心球，以此锻炼运动员手指和手腕的爆发力。需要注意的是，在投掷实心球时，运动员上肢进行发力的顺序为：首先通过上臂带动前臂，然后通过手腕和手指的力量投出实心球。

2. 下肢专项力量训练

（1）下肢沙袋或沙衣负重跳跃练习。为了提升下肢力量训练的效果，运动员可以通过系上沙袋或穿上沙衣的方式来增加身体的负荷，在此负重下进行下肢跳跃练习的具体方式有以下类型：

第一，单脚或双脚登台阶跳跃。选择高度适宜的台阶，运动员使用单脚或者双脚向上进行蹬跳。需要注意的是，要靠腿部力量完成该动作，其间要使上体保持正直状态，两臂可以给予适当的帮助。

第二，单脚或双脚向上纵跳。运动员保持半蹲姿势，然后用单脚或者双脚尽力连续性向上跳起，落地时注意要用前脚掌而不是脚后跟着地。

第三，单脚或双脚向前后左右跳跃。以右手持拍为例，运动员双脚开立与肩同宽，右脚比左脚靠前半步，并将该点作为中心位置，用单脚或者双脚朝左前、右前、左后、右后做"米"字形跳跃动作练习。注意蹬跳的距离要尽可能远一些。

第四，全蹲向上起跳：运动员双脚开立与肩同宽，向上用力跳起，落地时保持全蹲姿势，之后再立刻用力向上跳，上述动作持续进行多次为一组，这是为了锻炼运动员的踝关节、大腿和小腿力量。需要注意的是，运动员在进行跳起和下蹲动作时都要使腰背保持挺直状态，双手可以提供助力，然后依靠双腿的力量完成起跳并支撑全蹲动作。

（2）跳绳练习。

第一，单脚或双脚跳。运动员可以根据自己的实际情况把控练习的时间，如果运动员想要提升锻炼踝关节力量的效果，可以在练习过程中通过系沙袋或穿沙衣的方式增加负重。

第二，双摇双脚跳。这项练习可以对运动员上、下肢的速度力量和耐力进行锻炼，具体的练习次数与负荷需要根据运动员的个人情况来确定。

（3）杠铃负重练习。按照规定的动作，身负适当重量的杠铃对下肢力量进行练习，具体的练习方式主要包括以下两种：

第一，前脚掌蹬跳。运动员双脚开立与肩同宽，用两只脚的前脚掌触碰地面，并依靠前脚掌的力量用力蹬跳，注意保持一定的频率。

第二，原地左右蹬跨弓箭步。运动员双脚开立与肩同宽，之后用髋部带动身体向左或者向右转动。当身体向左转动时，左脚脚后跟与右脚脚尖触碰地面；当身体向右转动时，右脚脚后跟与左脚脚尖触碰地面。

3. 躯干专项力量训练

（1）实心球练习。

第一，抛掷实心球。运动员两人为一组，二人相距大约10米，面对面站立，练习单手或者双手肩上抛掷实心球动作。需要注意的是，在抛掷实心球的过程中，抛实心球的人要用类似鞭打的动作将实心球抛出，且抛的距离越远越好，另一人在接住实心球后要立即将其再次抛回，之后反复进行上述动作。

第二，左右转体。运动员两人为一组，二人相距1米，互相背对着站立，两人依次持实心球分别向左、向右进行转体传接球练习。需要注意的是，两人在进行转体时双脚不能移动，只能通过左右转动上肢来完成传接球动作，且动作的速度越快越好。

（2）腰部肌肉练习。负重沙袋练习踢腿动作可以锻炼腰部肌肉的力量，主要包括以下三种练习方式：

第一，双腿正踢。运动员保持侧立的姿势，一只手扶着一个支撑物，一条腿用力向上踢起，在经过一定次数的练习之后，换另一条腿按照相同的方式继续进行练习。需要注意的是，运动员的双腿在踢起时要保持绷直的状态。

第二，双腿后踢。运动员保持直立的姿势，双手扶着一个支撑物，一条腿用力向后上方踢起，然后换另一条腿做相同的动作，两条腿交替练习。需要注意的是，运动员在进行后踢腿动作时，上身要保持后仰的姿势，两条腿要保持绷直的状态。

第三，双腿侧踢。运动员保持直立的姿势，双手扶着一个支撑物，一条腿用力向侧方踢起，然后换另一条腿做相同的动作，两条腿交替练习。需要注意的是，运动员在进行侧踢腿动作时，髋部要相应地进行侧转，另一条支撑腿要配合侧踢腿做提踵动作，且两条腿都要处于伸直的状态。

（二）羽毛球运动专项速度素质训练

从某种意义上说，羽毛球比赛的胜负是由羽毛球运动员的速度决定的。因此，对羽毛球运动员进行专项速度素质训练是十分必要的。

1. 专项视听反应速度训练

专项视听反应速度训练可以有效提高羽毛球运动员的反应速度，主要包括以下方法：

（1）起动步法。运动员根据听到或者看到的来自发令员的信号进行起动步法练习，以此提升自己的判断反应速度。

（2）击球挥拍动作。当运动员听到发令员发出1、2、3、4的口令后，立即按照事先规定的要求进行击球挥拍动作练习。

（3）并步、垫步步法。运动员注意发令员所做的手势，并按照手势向前后左右等方向练习并步、垫步的步法，这项练习有利于提高运动员的反应速度。

（4）场地步法。运动员根据听到或者看到的来自发令员的信号或手势，进行全场快速移动步法练习以及前场、中场、后场的各种分解步法练习和连贯步法练习。

2. 专项动作速度训练

专项动作速度训练的练习方式很多，下面主要介绍多球、快速跳绳、击墙壁球、迅速挥臂、下肢快速步频和跨越障碍物等方式：

（1）多球练习。

第一，多球前场快速接吊、杀球。运动员在中场位置进行站位防守准备，陪练者则在另一侧场地的前场位置通过吊球、杀球两种方式朝运动员抛羽毛球，此时运动员就可以持续做被动接吊、杀球的练习。

第二，多球扑球。运动员在网前做好防守准备，陪练者则在另一侧场地通过多球的方式，快速朝运动员抛出羽毛球。注意：所抛羽毛球的位置要靠近网，这是为了让运动员练习正、反手姿势快速推球或扑球的动作。

第三，快速封网。运动员在前发球线附近的区域做好防守准备，陪练者则在另一侧场地通过多球的方式，快速并连续地朝运动员所在区域发平射球，运动员可以在快速移动中反复进行网前封网练习。

第四，快速击全场球。运动员站在自己所在场地的中心位置并做好防守准备，陪练者则在另一侧场地通过多球的方式朝运动员发出不同位置的球，练习期间要注意适当缩小运动员的移动距离，运动员需要努力跟上陪练者的发球速度，并对其进行迅速连续地回击。

第五，多球双打快速平抽快挡。运动员站在中场位置并做好防守准备，陪练者则在另一侧场地的中场位置，快速并连续地朝运动员进行扣球，之后运动员与陪练者连续进行平抽快挡，如果出现失误导致羽毛球落地，立即重新发一个新球，在此期间不要停顿，以此实现不间断的重复练习。

第六，多球双打快速接近身杀球。进行这项练习时，运动员要站在自己所在场地中间位置，陪练者则要站在另一侧场地的前场区域快速朝靠近运动员的位置进行击球，运动员则用正、反手姿势练习防守反击。

（2）快速跳绳练习。

第一，单腿快速变速跳。运动员利用快慢节奏相间的前后大小交叉步、小碎步和高抬腿等专项步法做快速变速跳绳练习。

第二，单位时间内快速双摇跳。运动员在既定的时间范围内以最快的速度完成双脚双摇跳，需要注意的是，运动员在练习过程中要突出速度，且跳的次数越多越好。

（3）击墙壁球练习。

第一，接杀球击球。运动员面朝墙壁站立，然后通过接杀挑球或者平抽球动作朝墙壁对体前腰部上、下位置的球进行快速连续的击打。

第二，用封网动作快速击球。运动员面朝一块平整的墙壁站立，两者之间的距离保持在1米左右，之后运动员通过前臂以及手腕发力朝着墙壁快速连续地进行击球练习。

（4）迅速挥臂练习。

第一，快速连续杀球动作挥拍。运动员的上、下肢要协调配合起来，运用完整的杀球动作，快速连续地进行挥拍练习。

第二，快速抽球动作挥拍。运动员要根据节拍或者教练员所给信号，练习各种正、反手快速连续抽球挥拍动作。

第三，前臂屈伸快速挥拍。运动员将握拍的手臂贴耳放在肩上，上臂保持不动，然后以肘做轴，只用前臂做后倒前伸的击球动作来练习快速连续挥拍。

第四，手腕快速绕"8"字挥拍。运动员将握拍的手放在身体前面，以肘为轴保持不动，手指握拍时保持放松状态，只靠手腕沿"8"字形线路进行快速连续挥拍动作练习。

第五，前臂体侧前后摆动挥拍。运动员握拍手的高度与肩部平齐，手肘稍稍弯曲并前后转动，然后以类似于打陀螺的动作练习快速摆臂。

第六，肩上手腕前屈后伸快速连续挥拍。运动员将握拍的手臂贴耳放在肩上，前臂与上臂伸直且保持不动，只用手指进行握拍，通过手腕前屈后伸的动作来练习快速连续挥拍。

（5）下肢快速步频练习。下肢快速步频练习包括：①原地快慢变速高抬腿；②原地快慢变速体前左右交叉跳；③原地快慢变速前后屈腿踢；④原地快慢变速高频率小密步踏步；⑤原地快慢变速转髋。

需要注意的是，在进行上面几种方式的下肢快速步频练习时，开始的节奏应该是"慢—快—最快"，之后再按照"最快—快—慢"的节奏练习，对时间的把握也要因人而异。

（6）跨越障碍物练习。跨越障碍物练习是一种十分常见的练习方式，主要是通过将障碍物摆放成不同的形状，让运动员使用各种动作姿势和技巧迅速跳过或穿过这些障碍物。

3．专项移动速度训练

（1）杀球上网步法。运动员迅速完成左右移动跳跃杀球击球动作，之后立即接着做出上网步法。通常情况下，每次练习需要做4～8组，每组做20～30次，每做一组之后可以休息一段时间。

（2）直线前后左右跑。直线前后左右跑主要是训练者迅速朝着前后左右四个方向移动，其间运动员要竭尽全力进行冲刺。通常情况下，每次练习需要做4～8组，每组做20～30次，每做一组之后可以适当地休息一段时间。

（3）场地四角步法。运动员沿着半个球场的边线练习加速冲刺跑，在每个转角的地方运动员要迅速改变冲刺的方向。

（三）羽毛球运动专项耐力素质训练

由于羽毛球运动并不是一种平稳的、均衡的运动项目，因此，与体能类长跑运动项目中所要求的专项耐力素质不同，羽毛球运动要求的专项耐力素质是在快速运动状态下且间隔时间不同的速度耐力。这就要求在进行羽毛球专项耐力速度训练时要以强度高、时间间隔短的速度耐力训练为主。

1. 多球速度耐力

多球速度耐力是通过多球的方式练习全场击球，其练习方式主要包括以下四种：

（1）多球全场跑动。陪练者通过多球的方式朝运动员所在场地区域的不同位置连续发球，运动员则需要全场跑动去接球，这有利于锻炼运动员专项移动的速度耐力。

（2）多球连续全场杀球上网。陪练者通过多球的方式朝运动员所在场地的前场与后场区域连续不断地击球，运动员做杀球后迅速上网搓球，这有利于提高运动员的快速移动能力。

（3）多球全场封杀球。陪练者通过多球的方式向运动员发球，发球的顺序按照右后场、右中场、右前场、左前场、左中场、左后场进行。运动员先从右后场起跳，之后快速向前在右中场内继续杀球，再向前到右前场进行封网，然后继续朝左前场移动进行封网，完成封网后退一步到左中场起跳杀球，最后再退到左后场进行起跳头顶杀球。这就是一轮完整的封杀动作练习，运动员可以连续练习几轮，这有利于提高羽毛球双打选手的速度耐力。

（4）多球双打后场左右连续杀球。陪练者通过多球的方式朝运动员所在场地的后场左右区域连续不断地发高球，运动员则通过快速左右移动来进行起跳杀球练习，这有利于提高羽毛球双打选手持续进攻的能力。

2. 冲刺跑和移动步伐相结合

运动员在完成200米、300米或400米的冲刺跑之后，立即开始进行1分钟左右的移动步法练习，这两项练习内容作为一组练习动作，动作中间不能休息，要连续进行练习。

3. 单脚或双脚跳绳

练习方法与专项速度素质训练中的跳绳练习相关内容一样，只是要加大负荷量，同时要适当延长练习的时间。

4. 持续全场攻防

这种练习方式需要5~6个羽毛球，有一人专门负责捡球，如果运动员发生接球失误，发球者要不停顿地重新发球，要让运动员在一定时间内反复练习移动击球。下面介绍持续全场攻防的具体练习方式。

（1）"二一式"30分钟不停顿连续全场进攻。这种练习方式由一名运动员和两名陪练者组成，也就是所谓的一人对打两人的方式。用这种方式进行练习，运动员不但能够熟悉各项技术，还能够提高自己在场上的速度耐力。在练习过程中，运动员与陪练者可以连续多拍进行练习，这有利于减少捡球的时间，进而增加练习的强度。

（2）"三一式"30分钟小间断连续全场接吊杀球与四角球。这种练习方式相比"二一式"30分钟不停顿连续全场进攻的方式强度更大，需要由一名运动员和三名陪练者组成。在用这种方式进行练习时，运动员不仅需要竭尽全力应对三名陪练者的进攻，还需要在场地的各个区域来回奔跑，这对运动员的耐力有很高的要求。

（3）"三一式"或"四一式"单打全场防守或双打半场、全场防守。这种练习方式的难度比较大，是一种加强式的练习，其主要目的是全面提高运动员的防守能力。

具体练习方法：若干名陪练者分别站在场地一侧的前场与后场几个位置，然后采用后压前封的方式全力进攻，运动员既可以是一个人，也可以是两个人。如果运动员只有一人，他需要防守半块场地的来球；如果运动员为两个人，他们需要分边站立，然后各自负责防守自己所在半场的来球。

（四）羽毛球运动专项灵敏素质训练

羽毛球运动员的专项灵敏素质是其身体与羽毛球和谐统一的特殊素质，同时也是羽毛球运动员各种素质与运动技能的综合体现。羽毛球在空中的方向变化非常多，飞行速度也极快，这都要求羽毛球运动员需要具备很高的身体灵敏性。下面具体介绍提高羽毛球运动员专项灵敏素质的训练方法：

1. 上肢灵敏性训练

上肢灵敏性训练，主要包括手腕前臂和手指两个部位的灵敏性训练。

（1）手腕前臂灵敏性训练。

第一，用手接各个方向的来球。运动员在场地中心位置站立，陪练者分别朝着运动员所在位置的前、后、左、右、上、下六个点抛羽毛球，运动员则通过快速移动用手接住羽毛球并将其抛回给陪练者，之后再退回自己原来的位置准备接下一个球。反复练习上述动作。

第二，用手接各种前半场的来球。运动员在场地中心位置站立，陪练者朝着运动员所在位置的前场两点与左右两角抛羽毛球，运动员尽全力接住来球并立刻抛回给陪练者，之后快速退回自己原来的位置准备接下一个球。

（2）手指灵敏性训练。

第一，持拍绕环。运动员双手各持一拍，手腕在其同侧前方的位置按照顺时针或者逆时针的方向进行大绕环练习，也可以将两臂交叉，手腕在各自异侧位置进行大绕环练习。

第二，捻动球拍握柄。运动员手握羽毛球球拍握柄位置，然后用手指捻动握柄进行上、下、左、右转换握柄位置的练习。

第三，抛接球拍。运动员将球拍分别向上方以及前、后、左、右方向抛起再接住，反复进行练习。

2. 下肢综合跑训练

（1）后蹬跑。运动员在进行后蹬跑练习时，蹬地腿要朝后下方用力蹬直，同时摆动腿要向前上方弯曲膝盖，之后用弓箭步跨步腾起并落地。需要注意的是，两腿要快速交替进行练习。

（2）小步跑。运动员用前脚掌触碰地面，然后向前进行快频率的小步跑。需要注意的是，跑步时腿部要保持蹬直状态，从而使小腿与踝关节的力量得到锻炼。

（3）高抬腿跑。运动员一条腿处于蹬直状态，另一条腿的大腿抬起并保持与地面平行的高度，之后进行向前跑步练习，经过一段时间之后，两条腿交换动作继续进行高抬腿跑练习。

（4）后踢腿跑。运动员在跑动过程中，一条腿用力向后踢，另一条腿保持蹬直状态，当达到一定练习次数之后，两条腿交换动作继续进行后踢腿跑练习。

总体而言，运动员下肢综合跑练习的距离与负荷量，要根据运动员的个人情况灵活选择。

3. 髋部灵活性训练

（1）原地转髋跳。运动员连续向左或者向右转动髋部，当向左转动髋部时，左腿向外侧转动，右腿则向内侧转动，两只脚的脚尖一起朝向左边；而当向右转动髋部时右腿向外侧转动，左腿向内侧转动，两只脚的脚尖一起朝向右边。

（2）收腹跳。运动员的两只脚用力向上纵跳，身体腾空后，双腿微屈并做出收腹动作，注意要持续跳跃一定的次数。

（3）快速转体。运动员将左脚当作轴，右脚分别朝着前方和后方做蹬步动作，进行转体动作练习。

（4）高抬腿交叉转髋。运动员做出高抬腿姿势，将腿抬高到身体前面最高点位置后立即向左或者向右进行转体动作练习。左右两条腿连续交替进行高抬腿交叉转髋动作练习。

（五）羽毛球运动专项柔韧素质训练

羽毛球运动员的柔韧素质不仅对其上肢、下肢以及躯干的协调性产生直接影响，同时还对羽毛球运动员所做各种技术动作的质量有很大的影响。因此，对羽毛球运动员进行专项柔韧素质训练是不可或缺的，下面将介绍专项柔韧素质训练的具体方式：

1. 上肢关节韧带训练

上肢关节韧带训练主要包括以下三种方式：

（1）手腕转动绕环。运动员用手腕做屈伸、内收、外展等动作，并分别按照顺时针和逆时针方向进行转动绕环练习。

（2）绕肩。运动员向上举起两臂，然后用弯曲手臂或伸直手臂的姿势向前绕臂，之后再向后做绕臂练习。需要注意的是，动作进行的速度要稍快一些。

（3）持拍做肩部大绕环。运动员双手各执一羽毛球拍，然后在与双手所在同侧前方的位置进行顺时针或者逆时针的肩部大绕环练习；也可以将两臂交叉，在与双手各自相反的一侧做肩部大绕环练习。需要注意的是，进行肩部大绕环时动作的幅度要大一些，但也要在自己身体可以接受的范围内。

2. 下肢关节韧带训练

（1）后仰前屈练习。运动员用手扶住一个固定物，双脚开立与肩同宽，握拍的手臂徒手向上举起，腰部先向后仰，然后用手触摸同侧的跟腱；再用击球的姿势进行收腹做向前屈体动作，之后再用手触摸同侧的脚尖。反复练习上述动作。

（2）拉跟腱练习。运动员双脚前后分开站立，后脚脚尖对着正前方，弯曲前腿，蹬直后腿，尽可能使后脚的脚跟贴近地面，最大限度地对跟腱进行拉伸，之后再换另一条腿继续进行跟腱拉伸练习。

（3）踢腿练习。按照基础柔韧素质训练中介绍的压腿练习方法，运动员手扶支撑物快速用力地进行正向踢腿、侧向踢腿及后向踢腿练习。

（4）弓箭步跨步练习。运动员两条腿互相交换着向前方或者侧前方踢小腿，然后迈出大跨步的弓箭步。需要注意的是，运动员在进行跨步时要用脚后跟先触地，脚尖稍稍向外展开，膝盖弯曲的幅度要大于90°，髋部要尽可能和进行跨步的大腿保持水平。

3. 腰部伸展性训练

腰部伸展性训练主要包括以下两种练习方式：

（1）绕环练习。运动员双脚开立与肩同宽，然后分别朝着左前、左后、右前、右后、左侧、右侧进行腰部绕环练习。

（2）转腰。运动员两人为一组，相距大约1米，背对背站立，一人手持实心球向左转体，将球传给另一人，另一人接过实心球后也向左转体再将实心球传给对方，几次之后，两人改变转体的方向继续进行传接球练习。此外，也可以使用被动击球动作进行腰部后伸前屈练习。

第四节　健美操运动及其体能训练

在健康与运动日益受到重视的当下，健美操运动凭借其独特的魅力与广泛的适应性，成为大众健身的热门选择。健美操不仅融合了体操的优雅与舞蹈的动感，还注重身体的协调性、柔韧性和力量训练，是提升体能、塑造身形、愉悦心情的极佳途径。本节重点探讨健美操运动的体能训练，为广大健美操爱好者提供科学的训练方法和理论支持，推动健美操运动的健康发展。

一、健美操运动的力量素质训练
（一）上肢专项力量训练
1. 动力性力量训练

（1）俯卧撑组合。

第一，动作做法。俯撑，手指向前，两臂伸直，两手距离同肩宽，两腿伸直，两脚并拢以脚尖着地；两臂屈肘向下至背低于肘关节，接着两臂撑起伸直呈原来姿势。

第二，特殊说明：①第一个八拍连续四次俯卧撑；②第二个八拍俯卧撑屈肘控制；③第三个八拍左右各一次移动俯卧撑；④第四个八拍俯卧撑屈肘控制。这四个八拍为一组动作，可重复4～8组进行练习。

第三，训练部位主要是三角肌的前部、胸大肌以及肱三头肌等上肢肌肉。

第四，动作要求。身体保持平直，有节奏地多次重复该动作。

第五，针对的动作。俯卧撑类、文森俯卧撑类、俯卧撑腾起类、提臀起与分切类。

第六，变化形式。主要包括：①指撑做俯卧撑组合；②两臂宽撑（掌撑或指撑）做俯卧撑组合；③两臂宽撑，两手握砖做俯卧撑组合；④一腿后举做俯卧撑组合；⑤两脚放在高处（脚高于手）做俯卧撑组合；⑥可将俯卧撑变为击掌俯卧撑；⑦可将俯卧撑变为俯卧撑推起跳等。这些动作可负重进行练习，可变化节奏进行练习，可变化重复次数及控制时间进行练习。

第七，特点。主要包括：①动静结合；②既可以提高动力性力量，也可以提高静力性力量。

（2）双杠臂屈伸。

第一，动作做法。双手撑杠，两臂伸直，两臂屈伸在双杠上，身体垂直在杠内，两臂应完全弯曲并夹肘，再快速用力撑起还原。

第二，动作要求。身体保持平直，腿不要屈伸摆动，有节奏地多次重复该动作。

第三，训练主要部位主要是肱三头肌。

第四，运动强度及负荷。主要包括：①提高力量耐力可采用负荷40%～60%，组数3～5组，每组练习次数15～20次，每组间歇时间控制在1～2分钟；提高最大力量可采用负荷85%～100%，组数6～10组，每组练习次数1～3次，每组间歇时间控制在3分钟。

第五，针对的动作。俯卧撑类、文森俯卧撑类、俯卧撑腾起类、提臀起与分切类。

第六，变化形式。主要包括：①脚负重进行练习；②腰或身体其他部位负重进行练习；③在吊环上进行练习；④在健身球上等进行练习；⑤变化节奏进行练习。

（3）仰卧推举。

第一，动作做法。仰卧在推架上，调整好呼吸（用力时应先吸气），双手握紧杠铃，双手距离略宽于肩，然后把放在架上的杠铃举起，在适当的控制之下慢慢放低杠铃至胸部，轻触胸部的瞬间再立刻出力上举直至两臂伸直状态。

第二，动作要求。发力推起杠铃要快，放回胸上要慢。在向上发力推起杠铃时，要尽量避免腰部离开凳面向上借力现象。

第三，训练部位主要是胸大肌、三角肌前部、前锯肌和肱三头肌。

第四，运动强度及负荷。重量应由轻渐重，轻的时候可多举几次，若重量达到体能的最大负荷则只需一次。

第五，针对的动作。俯卧撑类、文森俯卧撑类、俯卧撑腾起类、提臀起与分切类。

2. 静力性力量训练

把规则中规定的静力性动作，即分腿支撑类、直角支撑类、直角支撑分腿类、分腿高直角支撑类、肘撑类、水平支撑类、文森支撑类提出来进行下列练习：

（1）采用较大负荷量，以递增时间的方法进行练习，提高静力性力量。

（2）运动强度及负荷。

第一，采用本人最大负荷量的70%进行练习，组数可控制在4组，每组持续在12秒以上，每组间歇3分钟。

第二，采用本人最大负荷量的70%～90%进行练习，组数可控制在4～6组，每组持续时间8～10秒，每组间歇3分钟。

第三，采用本人负荷量90%以上进行练习，组数不超过4组，每组持续时间3～6秒，每组间歇应增至4分钟。

（3）将静力性难度动作与动力性力量素质结合练习。

（4）把单一难度动作的控制时间加长，进行针对性练习。

（5）将两个以上的难度动作组合起来进行练习。

（二）下肢专项力量训练

1. 蹲起

（1）动作做法。双人背靠背，双臂相互环绕，一起连续做蹲起。

（2）动作要求。双方同时用力蹲起。

（3）训练部位主要是臀大肌、股四头肌及腓长肌等肌群。

（4）运动强度及负荷。负荷40%～60%，组数3～5组，每组练习次数15～20次，每组间歇时间控制在1～2分钟。

（5）变化形式。主要包括：①可进行蹲跳练习；②可进行蹲起移动练习。

2. 杠铃弓箭步抓举

（1）动作做法。向上抓举杠铃，同时两腿成弓箭步，然后恢复原来姿势。连续交替进行。

（2）动作要求。发力快，上下肢配合协调。

（3）训练部位主要是腰背肌、上肢和下肢肌群。

（4）运动强度及负荷。

第一，提高力量耐力可采用负荷40%～60%，组数3～5组，每组练习次数8～12次，每组间歇时间控制在2分钟。

第二，提高最大力量可采用负荷85%～100%，组数4～6组，每组练习次数3～6次，每组间歇时间控制在3分钟。

（5）变化形式。主要包括：①可改变姿态进行练习，如杠铃半蹲抓举；②可以加转体，来提高难度及训练效果。

（三）腰腹专项力量训练

1. 仰卧起坐

（1）动作做法。仰卧在垫子上，分腿屈膝，两手抱头，上体起，肩胛骨离地，但腰不动，再慢慢落回。

（2）动作要求。起的动作速度快，落的动作速度慢。

（3）训练部位主要是上腹部肌肉。

（4）运动强度及负荷。负荷40%～60%，组数4～6组，每组练习次数20～30次，每组间歇时间控制在2～4分钟。

（5）变化形式。主要包括：①可仰卧在斜面上（下肢高）进行练习；

②坐在跳箱上两脚由同伴握着，两手持杠铃片置于脑后进行连续练习。

2．左右转体

（1）动作做法。两人靠背伸臂分腿坐，双手侧平举互拉，然后做左右转体练习。

（2）动作要求。转体应稍用力，转体至极限时稍停，下肢保持不动。

（3）训练部位主要是练习腹内、外斜肌和腰背肌。

（4）运动强度及负荷。负荷40%～60%，组数3～5组，每组练习次数15～20次，每组间歇时间控制在1～2分钟。

（5）变化形式。主要包括：①可单人负重做；②可改变姿态做，如分腿站；③可改变节奏做。

3．俯卧后举腿

（1）动作做法。俯卧在垫子上，两腿并拢伸直，髋部支撑，两臂放于体侧，两腿同时后上举。

（2）动作要求。两腿尽量向上举起。

（3）训练部位主要是股二头肌、臀大肌。

（4）运动强度及负荷。负荷40%～60%，组数4～6组，每组练习次数20～30次，每组间歇时间控制在2～4分钟。

（5）变化形式。主要包括：①俯卧在长凳上，两臂伸直手扶肋木固定上体，连续向上举腿；②可变化节奏做练习；③腿或脚负重物做上述各种练习。

二、健美操运动的柔韧素质训练

（一）大腿内侧柔韧性训练

1．手撑横叉

（1）动作方法。两腿左右分开呈横叉，上体前屈，手撑地面，利用自身重量下沉进行练习。

（2）动作要点。两膝必须伸直，身体正直且尽量保持放松。

（3）运动强度及负荷。以最大负荷进行，时间为15～30秒，共3～4组，组间歇1～3分钟。

（4）变化形式。主要包括：①可以将一脚或两脚垫高进行练习；②可逐渐采用被动练习法进行练习。

2．仰卧横叉

（1）动作方法。仰卧横叉，双手放在大腿内侧，用力使双腿靠近地面进行练习。

（2）动作要点。两膝必须伸直，上体不要离地。

（3）运动强度及负荷。以最大负荷进行，时间为15～30秒，共3～4组，组间歇1～3分钟。

（4）变化形式。主要包括：①可以将臀部垫高进行练习；②可逐渐采用被动练习法进行练习。

（二）大腿后侧柔韧性训练

1．并腿体前屈

（1）动作方法。两腿并拢，膝盖伸直，绷脚尖；体前屈，同时上体尽量靠近大腿，双臂向前远伸。

（2）动作要点。两膝必须伸直，身体尽量保持放松。

（3）运动强度及负荷。以最大负荷进行，时间为15～30秒，共3～4组，组间歇1～3分钟。

（4）变化形式。主要包括：①可以将臀部垫高进行练习；②可逐渐采用被动练习法进行练习。

2．纵叉

（1）动作方法：一腿在前另一腿在后纵叉，利用自身重量进行练习。

（2）动作要点：两膝必须伸直，身体正直且尽量保持放松。

（3）运动强度及负荷：以最大负荷进行，时间为15～30秒，共3～4组，组间歇1～3分钟。

（4）变化形式。主要包括：①可以将一脚、两脚垫高进行练习；②可逐渐采用被动练习法进行练习。

3．仰卧纵叉

（1）动作方法。仰卧纵叉，双手抓住上脚踝，用力使上腿靠近头部，下肢膝关节要用物体压住进行练习。

（2）动作要点。两膝必须伸直，上体及下肢不要离地。

（3）运动强度及负荷。以最大负荷进行，时间为15～30秒，共3～4组，组间歇1～3分钟。

（4）变化形式。主要包括：①可以将臀部垫高进行练习；②可逐渐采用被动练习法进行练习。

三、健美操运动的平衡能力训练

第一，把规则中规定的平衡动作，即转体类、平衡类、高踢腿类、劈腿类等提出来，以递增时间的方法进行练习。

第二，运动强度及负荷。

采用本人最大负荷量的90%进行练习，组数可控制在4~6组，每组持续时间12~20秒，每组间歇3分钟。

采用本人负荷量100%进行练习，组数不超过4组，每组持续时间8~12秒，每组间歇应增至4分钟。

第三，变化形式。主要包括：①将柔韧性与平衡能力结合练习；②将两个以上的平衡动作组合起来进行练习。

第五章
智能化背景下体能训练的新理念

第一节　功能性体能训练理念

功能性训练强调以运动员的竞技需求为导向，注重高质量的正确动作模式训练，旨在提高运动员在比赛中的运动表现。在当代体育训练领域中，功能性训练作为一种新兴的训练方法体系，已经逐渐展现出其独特的魅力和实用价值。功能性训练不仅打破了传统训练方法的局限，而且为运动员提供了更为全面、高效、科学的训练途径。

一、功能性训练的特点

功能性训练作为一种独特的训练方法，其核心理念在于提高运动员在比赛中的运动表现，同时关注运动员的个体差异和专项需求。这种训练方法相对于传统训练方法，有着显著的特点和优势。

（一）个体化与专项化

功能性训练的核心在于其个体化与专项化的特点。每个运动员的身体条件、技能水平和竞技需求都是不同的，因此，功能性训练强调根据运动员的个体差异进行个性化的训练设计。这种个性化的训练设计不仅包括训练动作的选择，还包括训练强度、频率和持续时间的安排。通过个性化的训练，可以确保运动员的训练内容与比赛需求相匹配，从而提高训练效果。

此外，功能性训练还注重专项化的训练。专项化训练是指根据运动员所从事的运动项目的特点进行有针对性的训练。例如，对足球运动员来说，功能性训练会重点关注其下肢力量、爆发力和动态平衡能力等方面的训练；而对篮球运动员来说，功能性训练则会更加注重其上肢力量、协调性和反应速度等方面的训练。通过专项化的训练，可以确保运动员在比赛中能够充分发挥其特长和优势。

（二）多关节、多平面训练

功能性训练强调在多个关节、多个平面上进行训练。传统的训练方法往往只关注单一关节或单一平面的训练，而功能性训练则通过模拟比赛中的动作模式，让运动员在多个关节和多个平面上进行训练。这种多关节、多平面的训练方式可以提高运动员的协调性、稳定性和动态平衡能力。

在多个关节上进行训练，可以确保运动员在比赛中能够灵活应对各种动作需求。例如，在跑步过程中，需要用到髋关节、膝关节和踝关节等多个关节的协调配合。通过多关节训练，可以提高这些关节之间的协调性和稳定性，从而减少运动损伤的风险。

在多个平面上进行训练，则可以提高运动员的动态平衡能力。在比赛中，运动员往往需要在不稳定的环境下做各种动作，如地面湿滑、风力干扰等环境。通过多平面训练，可以让运动员在不稳定的环境下保持平衡，从而更好地完成比赛任务。

（三）注重动作质量

功能性训练强调动作的正确和规范。在训练过程中，运动员需要按照正确的动作模式进行训练，以确保训练效果的最大化。同时，功能性训练还注重运动员的动作质量，通过高质量的动作训练，避免运动员因错误动作而产生运动损伤。

为了确保动作的正确和规范，功能性训练通常采用标准化的训练动作和训练方法。这些标准化的训练动作和训练方法经过科学验证和实践检验，具有较高的安全性和有效性。同时，在训练过程中，教练员还会对运动员的动作进行实时监控和纠正，以确保运动员能够正确完成训练动作。

（四）符合生物力学特征

功能性训练遵循生物力学原理，注重运动员身体的力学结构和功能特点。在训练过程中，功能性训练会充分考虑运动员的骨骼、肌肉、关节等生物力学特征，使训练更加科学、有效。

具体来说，功能性训练会关注运动员的关节活动范围、肌肉力量、柔韧性等方面的生物力学特征。在训练动作的设计中，会充分考虑这些生物力学特征的影响，以确保训练动作的科学性和有效性。同时，在训练过程中，还会根据运动员的生物力学特征进行个性化的训练调整，以进一步提高训练效果。

二、功能性训练的作用机制

功能性训练作为现代体育训练中一种先进的训练理念和方法，已经广泛应用于各个运动项目中，并取得了显著成效。其独特的作用机制在提高运动员的运动表现方面发挥着关键作用。

（一）提高运动员的核心稳定性

核心稳定性是运动员完成各种动作的基础，它涉及身体核心区域的肌肉群，如腹肌、背肌、盆底肌等。功能性训练通过加强这些核心区域的训练，有效提高运动员的核心稳定性。具体而言，功能性训练中的许多动作，如平板支撑、俯卧撑、俄罗斯转体等，都强调了对核心区域的激活和锻炼，这些动作能够加强核心区域的肌肉力量，提高肌肉的耐力和稳定性。当运动员在比赛中需要完成复杂动作时，强大的核心稳定性能够提供有力的支撑，使运动员能够更加稳定地完成动作，减少因身体晃动而导致的失误和损伤。

此外，功能性训练还注重在不稳定的环境下进行训练，如使用平衡垫、波速球等辅助器材，这种训练方式能够进一步增强运动员的核心稳定性，提高其在不稳定状态下的平衡能力和控制能力。这种训练方式不仅有助于运动员在比赛中更好地应对各种复杂环境，还有助于提高运动员的身体适应能力和反应速度。

（二）改善运动员的协调性

协调性是指运动员在运动中身体各部位之间的配合能力，它是运动员完成技术动作和战术配合的基础。功能性训练通过多关节、多平面的训练方式，有效改善运动员的协调性。在功能性训练中，许多动作都需要运动员在多个关节和多个平面上进行运动，如深蹲、硬拉、划船等。这些动作要求运动员在运动中保持身体各部位之间的协调配合，以提高动作的流畅性和准确性。通过反复练习这些动作，运动员的协调性得到了有效提高，使他们在比赛中能够更加流畅、自如地完成动作。

此外，功能性训练还注重运动员的身体感知和神经肌肉控制能力的训练。

通过一些感知训练,如闭眼平衡训练、本体感觉训练等,运动员能够更好地感知自己的身体状态和运动轨迹,提高神经肌肉控制能力。这种能力的提高不仅有助于运动员在比赛中更好地控制身体姿态和动作轨迹,还有助于提高运动员的反应速度和判断能力。

(三)增强运动员的动态平衡能力

动态平衡能力是运动员在运动中保持身体稳定的关键,它涉及运动员在不稳定环境下进行运动的能力。功能性训练强调在身体控制下的动态平衡训练,通过设计一些具有挑战性的训练动作和方案,如单腿站立、平衡垫上的深蹲等,有效提高运动员在不稳定状态下的平衡能力。这些训练动作要求运动员在运动中保持身体平衡,通过调整身体姿态和肌肉力量来应对不稳定环境带来的挑战。通过反复练习这些动作,运动员的动态平衡能力得到了有效提高,使他们在比赛中能够更好地应对各种复杂环境和突发情况。

此外,功能性训练还注重运动员在动态平衡能力训练中的心理调节和策略运用。运动员需要学会如何在紧张激烈的比赛中保持冷静和专注,如何根据比赛情况调整自己的运动策略和节奏。这些心理素质和策略运用能力的提高有助于运动员在比赛中更好地应对各种挑战和压力。

(四)促进运动员的全面发展

功能性训练注重运动员的全面发展,不仅关注运动员的体能水平,还关注运动员的心理素质、技术能力和战术素养等方面。在功能性训练中,运动员需要进行综合性的训练,包括力量训练、速度训练、耐力训练、柔韧性训练等多个方面。这些训练能够提高运动员的体能水平,使他们在比赛中更具竞争力。同时,功能性训练还注重运动员的心理素质训练,通过一些心理调节和应对策略的训练,提高运动员的心理承受能力和应对压力的能力。此外,功能性训练还关注运动员的技术能力和战术素养的培养,通过模拟比赛场景和战术配合训练等方式提高运动员的技术水平和战术素养。这种综合性的训练方式能够使运动员在各个方面都得到提升和进步,从而在比赛中更加全面地发挥自己的优势。

三、功能性训练的要点解析

（一）重视体能诊断与评估

功能性训练的第一步是体能诊断与评估，这是制订个性化训练计划的基础。体能诊断与评估的目的是发现运动员在体能上的不足、潜在的伤病隐患，从而确保训练的科学性和针对性。

通过体能诊断与评估，教练可以深入了解运动员的体能状况，包括力量、速度、耐力、柔韧性等各个方面。这种全面的了解有助于教练发现运动员在体能上的短板和潜在风险，从而制订更加科学、合理的训练计划。

在传统的专项训练和力量训练中，往往存在着一种过度强调某一方面的现象。例如，过度追求力量的提升而忽视关节周围肌肉力量的均衡发展，容易导致关节受伤和变形。功能性训练强调在提升力量的同时，注重关节周围肌肉力量的均衡发展，减少因力量不均衡而导致的伤病风险。

通过体能诊断与评估，教练可以针对运动员的短板进行针对性加强训练。例如，如果发现运动员的膝关节稳定性较差，可以通过设计专门的训练动作来加强膝关节周围肌肉的力量，提高关节稳定性。这种针对性的训练有助于运动员在比赛中更好地发挥自己的潜力。

（二）重视平衡能力和本体感觉训练

平衡能力和本体感觉对人体运动能力有着极大的影响，功能性训练非常注重这两方面的训练。

平衡能力是人体在运动中保持身体稳定的基础。无论是体操、跳水等需要高度平衡能力的项目，还是球类、体能类等需要快速移动和灵活应变的项目，平衡能力都是运动员不可或缺的能力之一。功能性训练通过设计各种非平衡条件下的动作练习，帮助运动员提高平衡能力，使他们在比赛中能够更加稳定地发挥。

本体感觉是指人体对自身运动状态和位置的感觉能力。这种能力对于运动员来说至关重要，因为它能够帮助运动员更好地感知自己的身体位置和状态，从而更加准确地控制自己的动作。功能性训练通过设计各种需要精细操作的动作练习，如闭眼平衡训练、单腿站立等，来锻炼运动员的本体感觉能力，提高他们在比赛中的动作精度和稳定性。

在实际训练中，平衡能力和本体感觉的训练往往是相互关联的。通过设计一系列需要同时运用平衡能力和本体感觉的训练动作，如平衡垫上的单腿站立、闭眼走直线等，可以综合提高运动员的平衡能力和本体感觉能力。这种综合训练有助于运动员在比赛中更加稳定、准确地完成各种技术动作。

（三）重视矫正性的无伤化训练

任何专项训练或某部位过度使用，都会对身体局部造成过重负担，长期积累会造成左右腿、前后群、上下肢等力量的不均衡以及关节的变形，既影响人的整体动作能力，也很容易使人受伤。

现实中许多运动员脊柱变形，腰、膝、踝受伤都与此有关。功能性训练注重对身体形态、不均衡部位的矫正、调整，重视在没有疼痛的情况下进行各种训练。一旦有痛点出现，除非因为技术因素，否则说明存在某种问题，需要进行专门的矫正性训练。即便康复训练也需要在无痛情况下进行，以免起到副作用，加重伤情。

（四）重视功能柔韧性训练

功能柔韧性训练有利于在随后的训练或比赛中做出理想的表现，使主动肌快速收缩，被动肌快速放松。传统的拉伸可以分为静力性拉伸、动力性拉伸、摆动性拉伸。传统的静力牵拉练习不能提供这种功能柔韧性，实际上会"使肌肉进入睡眠状态"，使肌肉反射敏感性减弱，肌肉、肌腱韧度或神经肌肉激活能力下降，影响发力效果。有研究认为，过多的静力性柔韧练习，会使随后的力量、爆发力下降近30%，而且会持续近60分钟。而爆发性的摆动性拉伸，由于速度太快存在拉伤的风险。

柔韧性对竞技能力有特殊贡献，多维度的柔韧性与力量训练相结合，训练效益才能更加显著。另外，注意柔韧性的提高不能以失去关节的稳定性为代价，要适度发展，考虑项目特点。操作中要求做到以下要点：

第一，准备活动和放松活动不同，热身主要使用动力性柔韧练习，即主动拉伸，少做或不做静力性柔韧练习。

第二，力量与柔韧性相结合。力量练习和柔韧性练习是密切相关的，不存在独立的动作，力量训练的同时对柔韧性也有刺激作用，柔韧性差会影响力量的发挥。要经常采用专门的方法同时对力量素质和柔韧素质进行锻炼，例如PNF训练法。

第三，使一个关节周围肌肉韧带都得到锻炼。不仅拉伸常用的主动肌及韧带，而且对拮抗肌、协同肌部位的肌肉、韧带都要进行训练。

（五）重视与专项性技术动作的衔接

功能性训练在体能训练体系中扮演着至关重要的角色，其本质并非单纯追求训练的表面效果，而是旨在提升专项练习的实际效率。因此，在实施功能性训练时，必须深入剖析和理解专项技术动作的具体要求，确保训练内容与专项技术动作紧密衔接，从而在一般体能和专项体能之间搭建起坚实的桥梁。这种衔接不仅有助于运动员更好地理解和运用专项技术动作，还能有效提高体能训练的针对性和实效性。

随着运动员训练水平的逐步提升，训练和比赛的负荷逐渐接近极限，这对运动员的身体功能能力提出了更高的要求。在这种情况下，功能性训练的重要性愈发凸显。它能够为运动员提供强大的身体功能能力储备和支撑，帮助运动员更好地应对大强度、高难度的专项技术动作带来的身体和心理挑战。通过功能性训练，可以为运动员打下坚实的体能基础，使他们的训练负荷（强度、持续时间、频率）更加符合专项需求（耐力、力量），从而提高训练的系统性。

（六）重视层次化的训练设计

人的功能性动作能力并非一蹴而就，而是一个循序渐进、由低到高的发展过程。如同人体在发育过程中从爬行、直立逐渐过渡到行走、奔跑，这一过程遵循着一定的规律和层次。因此，在功能性训练中，必须注重层次化的训练设计，确保训练内容的有序性和连贯性。

为了实现这一目标，我们需要精心设计功能性训练动作，形成一套由低到高、由简单到复杂的动作体系。这一体系应该包括基础动作、进阶动作和高级动作等不同层次，以确保运动员在逐步提升动作难度的过程中，能够不断巩固和提高自己的功能性动作能力。同时，我们还应该根据运动员的实际情况和训练需求，合理安排训练负荷和训练频率，确保训练的科学性和有效性。

通过层次化的训练设计，可以帮助运动员逐步建立起强大的身体功能能力储备，为他们在比赛中出色发挥奠定坚实的基础。同时，这种训练设计也有助于提高运动员的训练兴趣和积极性，使他们在训练中不断挑战自我、超越自我。

四、功能性训练在实际训练中的应用

在实际训练中，功能性训练的应用具有极其重要的地位。它不仅能有效提高运动员的运动表现，还能根据运动员的个体差异和比赛需求进行个性化设计。

（一）核心稳定性训练

核心稳定性是运动员在完成各种技术动作时，保持身体稳定和控制身体姿态的重要能力。在实际训练中，功能性训练通过一系列针对核心区域的训练动作，如平板支撑、俯卧撑等，来加强运动员的核心区肌肉力量，提高核心稳定性。

平板支撑是一种非常有效的核心稳定性训练方法。运动员在保持身体呈一条直线的同时，需要用手臂和脚尖支撑身体，使身体悬空。这个动作需要运动员的核心区域肌肉保持紧张，以维持身体的稳定。通过长时间的坚持练习，可以有效提高运动员的核心稳定性。

除了平板支撑，俯卧撑也是一种常见的核心稳定性训练方法。俯卧撑不仅可以锻炼上肢和胸部的肌肉力量，还可以增强核心区域的肌肉力量。在俯卧撑过程中，运动员需要保持身体呈一条直线，这要求核心区域的肌肉保持紧张以维持身体的稳定。

在核心稳定性训练中，还可以结合动态平衡训练，如单腿站立、平衡垫训练等。这些训练可以帮助运动员在不稳定的状态下提高平衡能力，从而进一步提高核心稳定性。例如，在平衡垫上进行单腿站立训练时，运动员需要不断调整身体的重心以保持平衡，这可以锻炼到核心区域的肌肉，提高核心稳定性。

（二）协调性训练

协调性是运动员在运动中各部位之间的配合能力，是完成技术动作和战术配合的基础。在实际训练中，功能性训练通过多关节、多平面的训练动作，如深蹲、硬拉、划船等，来提高运动员的协调性。

深蹲是一种多关节、多平面的训练动作，可以锻炼到大腿、臀部、核心区域等多个部位的肌肉。在深蹲的过程中，运动员需要保持身体的平衡和稳定，同时协调各个部位的肌肉来完成动作。这种训练可以帮助运动员提高协调性，使他们在比赛中能够更加流畅地完成技术动作。

硬拉和划船等动作也是提高运动员协调性的有效方法。这些动作需要运动员在多个平面上进行运动，同时协调多个关节和肌肉来完成动作。通过反复练习这些动作，运动员的协调性可以得到有效提高。

在协调性训练中，还可以结合柔韧性训练，如伸展运动、瑜伽等。这些训练可以帮助运动员改善肌肉紧张状态，提高肌肉的伸展性和柔韧性，从而进一步提高协调性。

（三）动态平衡训练

动态平衡能力是运动员在运动中保持身体稳定的关键。在实际训练中，功能性训练利用平衡垫、波速球等辅助器材，设计各种动态平衡训练动作，如单腿跳跃、平衡垫上的深蹲等，来提高运动员在动态状态下的平衡能力。

单腿跳跃是一种典型的动态平衡训练方法。运动员在单腿站立的基础上，进行跳跃动作。这一过程中，运动员需要不断调整身体的重心和姿态以保持平衡。这种训练可以帮助运动员提高在不稳定状态下的平衡能力。

在平衡垫上进行深蹲训练也是一种有效的动态平衡训练方法。由于平衡垫的不稳定性，运动员需要不断调整身体的姿态和重心以保持平衡。这种训练不仅可以提高运动员的平衡能力，还可以锻炼到核心区域的肌肉力量。

（四）综合性训练

在实际训练中，功能性训练注重运动员的全面发展。根据运动员的实际情况和比赛需求，设计综合性的训练方案，将力量训练、速度训练、耐力训练等有机结合起来，提高运动员的综合素质和竞技能力。

综合性训练方案的设计需要考虑运动员的个体差异和比赛需求。例如，对短跑运动员来说，他们需要具备较强的爆发力和速度能力。因此，在综合性训练方案中，可以重点加强爆发力和速度训练，同时结合柔韧性和协调性训练来提高运动员的综合素质。

对耐力运动员来说，他们需要具备较强的耐力和持久力。因此，在综合性训练方案中，可以重点加强耐力和持久力训练，同时结合力量训练和柔韧性训练来提高运动员的综合素质。

在综合性训练中，还需要注意训练的合理性和科学性。训练强度、频率和持续时间等需要根据运动员的实际情况进行调整，以避免过度训练或训练不足的情况发生。同时，还需要注意运动员的饮食和休息等方面的问题，以保证运动员在训练中能够保持良好的身体状态和心理状态。

第二节　康复性体能训练理念

康复性体能训练亦称之为体能康复训练，"在康复性体能训练当中，包括康复和体能训练两大部分"[①]。康复性体能训练是以体能训练方法为手段的身体运动机能的康复，结合了康复医疗与体能训练两方面的优势。它与医学范畴的康复的最大区别是结合运动技术，过程中有针对性地通过身体姿势、核心力量、动作模式等功能性练习达到特定康复目标。

一、康复性体能训练的原则

康复性体能训练是一项高度个性化的运动恢复手段，它要求遵循一系列科学原则，以确保运动员在无痛、安全的环境中逐步恢复体能，并防止二次损伤的发生。

第一，渐进式训练。渐进式训练原则强调康复性体能训练需要在运动员完全无痛或疼痛感极低的状态下进行，练习的强度和复杂度需逐步递增，避免任何形式的强行训练。这是因为疼痛感通常意味着训练超出了机体的承受能力，可能导致伤情加重，甚至引发二次损伤。康复性体能训练的本质是通过特定的运动训练手段，促使机体对新的运动负荷产生适应性改变。这种适应性改变是渐进的，需要时间和耐心去培养，不可能一蹴而就。因此，在训练过程中，运动负荷的递增需要从小到大、动作从简单到复杂，逐渐过渡，确保运动员在适应训练的过程中逐步提高机能水平。

第二，个性化训练。个性化训练原则要求康复性体能训练计划应充分考虑运动员的性别、年龄、心理状态、身体条件、手术方式、损伤组织的特性以及术后功能障碍等因素。特别是要基于对训练规律与项目特征的深入了解，为每位运动员制定个性化的康复性体能训练方案和目标。这是因为运动员的个体差异很大，不同的性别、年龄、运动专项、运动年限、组织损伤和身体素质等因

---

① 刘雪莲.康复性体能训练的理念和方法[J].拳击与格斗，2019（10）：60.

素都会影响运动损伤的类型和程度。同时，不同的运动项目对运动员的技能和体能要求也不同。因此，在制订康复性体能训练计划时，需要对运动员的个体特征进行全面评估，并根据评估结果制定个性化的训练方案。此外，还需要对全程体能康复训练时间、不同阶段的治疗重点进行预计，并预先考虑到方案实施过程中可能出现的问题及相应的解决策略。

第三，动力链训练。动力链训练原则基于人体运动"动力链"理论，将人体视为一个由上肢、躯干和下肢组成的锥形链接系统。在这个系统中，上肢技术的表现依赖于整个骨骼肌系统，特别是躯干、脊柱向上肢的力量传递。力量沿着骨骼肌系统进行传递和交换，从而产生巨大的能量。从生物力学的角度来看，虽然人体各个环节在解剖位置上具有独立性，但从功能层面来看，它们被视为一个有机整体。因此，在康复性体能训练中，需要关注整个动力链的协同作用，确保各个环节在训练中能够得到充分的锻炼和恢复。这有助于提高运动员的整体运动能力，并减少因局部负荷过重而导致的损伤风险。

二、康复性体能训练的方法

（一）渐进式负荷训练

渐进式负荷训练作为康复性体能训练的核心策略，其核心理念是在运动员身体逐步适应的过程中，循序渐进地提升训练的强度和负荷。这种方法深刻体现了人体生理适应的基本原理，即人体在适应特定负荷后，会引发一系列积极的生理变化，如肌肉力量的增强、关节稳定性的提升等，从而促进运动员从伤病中恢复，提升整体体能。

渐进式负荷训练的实施步骤如下：

第一，初始评估。根据运动员的伤病情况、体能水平、运动需求等综合因素，制订一个切实可行的初始训练计划。这一计划应包括训练的强度、频率、持续时间等关键参数，确保训练的针对性和安全性。

第二，逐步增加负荷。在运动员逐渐适应初始训练计划的基础上，稳步增加训练的负荷。这包括提升训练的重量、增加练习的次数和组数等。在这一过程中，教练和训练团队需密切关注运动员的身体反应，包括疼痛、疲劳程度等，以便及时调整训练计划，避免过度训练和伤病的复发。

第三，定期评估。在康复性体能训练的整个周期中，定期对运动员的体能水平、伤病的恢复情况、训练效果等进行全面评估。这一评估有助于及时了解训练的效果，发现潜在的问题，并根据运动员的实际进展调整训练计划，确保训练的科学性和有效性。

通过这种渐进式负荷训练的方法，运动员可以在确保安全的前提下，逐步提升体能，加快伤病的恢复，最终达到提升运动表现的目标。

（二）功能性动作训练

功能性动作训练是一种深具针对性的训练方法，它紧密关联运动员的日常生活活动和特定运动项目需求。这种方法的核心在于将训练动作与实际运动需求相结合，从而在康复性体能训练中发挥关键作用。通过功能性动作训练，运动员不仅能够恢复基本的身体功能，还能针对性地提升与专项运动密切相关的各项能力。

功能性动作训练的实施要点如下：

第一，动作选择。在功能性动作训练中，需要根据运动员的伤病情况、专项运动特点以及具体需求，精心挑选出最合适的训练动作。例如，对于遭受膝关节损伤的运动员，可以选择如深蹲、单腿站立等能够有效增强膝关节稳定性及周围肌肉力量的动作进行训练。

第二，动作执行。在训练过程中，动作的正确性和标准性至关重要。教练和训练团队需确保运动员在准确理解动作要领的基础上，以正确的姿势和运动轨迹完成每个动作。这不仅有助于提高训练效果，还能有效预防因动作不当导致的二次伤害。

第三，动作组合。为了提升训练的整体效率和效果，可以将多个功能性动作有机地组合成一个完整的训练单元。例如，将深蹲、单腿站立、平衡板训练等多种动作综合运用，不仅能够全面提升运动员的体能，还能增强训练的趣味性和挑战性，从而更好地激发运动员的训练热情和动力。

通过这种功能性动作训练的方法，运动员可以在确保安全的前提下，全面提升与专项运动密切相关的各项身体功能，加快伤病的康复进程，并为提升运动表现奠定坚实的基础。

（三）平衡与协调训练

平衡与协调训练在康复性体能训练中占据着举足轻重的地位。这种训练方式旨在帮助运动员恢复和提升身体的平衡能力和协调能力，这对于预防运动损伤、提高运动表现具有不可忽视的作用。通过系统的平衡与协调训练，运动员不仅能够更好地控制身体，还能在复杂多变的运动环境中保持稳定和高效的表现。

平衡与协调训练实施方法如下：

第一，使用平衡板、平衡球等器材进行训练。利用专业的平衡训练器材，如平衡板、平衡球等，可以有效提高运动员的平衡能力。这些器材通过增加训练的不稳定性，迫使运动员在保持身体平衡的过程中，激活更多的小肌群和深层肌肉，从而提升整体的平衡控制能力。

第二，设计各种平衡和协调练习。通过设计丰富多样的平衡和协调练习，如单脚站立、闭眼行走、双手拍球等，可以有效提升运动员的协调能力。这些练习不仅能够锻炼运动员的身体控制能力，还能提高其空间定位感和动作协调性。

第三，结合专项运动特点，设计针对性的平衡与协调训练动作。根据不同运动项目的特点和需求，设计具有针对性的平衡与协调训练动作。例如，对于篮球运动员，可以设计包含快速变向、跳跃中保持平衡等元素的训练动作，以提升运动员在专项运动中的平衡和协调能力。

通过这种综合性的平衡与协调训练，运动员不仅能够在康复过程中有效恢复身体功能，还能在专项运动中展现出更高的稳定性和协调性，从而为提高运动表现和预防运动损伤提供坚实保障。

（四）柔韧性训练

柔韧性训练在康复性体能训练中扮演着不可或缺的角色。它主要致力于帮助运动员恢复和提升肌肉的伸展能力，这对于减少运动损伤的风险、提高运动表现具有重要意义。良好的柔韧性不仅能够增加关节的活动范围，还能提高肌肉的弹性，从而为运动员在专项运动中的表现提供更多可能性。

柔韧性训练的实施要点如下：

第一，选择适合运动员的柔韧性训练方法。根据运动员的具体情况，如年龄、性别、运动项目等，选择最合适的柔韧性训练方法。常见的柔韧性训练方法包括静态拉伸、动态拉伸等。静态拉伸主要在运动前进行，有助于预防运动损伤；而动态拉伸则适合在运动后进行，有助于肌肉放松和恢复。

第二，注重拉伸的幅度和持续时间。在柔韧性训练过程中，拉伸的幅度和持续时间至关重要。教练和训练团队需确保运动员在舒适的范围内进行拉伸，避免过度拉伸导致肌肉或关节损伤。同时，根据运动员的实际情况，适当调整拉伸的幅度和持续时间，以达到最佳的训练效果。

第三，结合专项运动特点，设计针对性的柔韧性训练动作。根据不同运动项目的特点和需求，设计具有针对性的柔韧性训练动作。例如，对足球运动员，可以设计包含大腿前后肌群、小腿肌群、腰部等关键部位的柔韧性训练动作，以提升运动员在专项运动中的柔韧性。

第四，通过这种系统性的柔韧性训练，运动员不仅能够在康复过程中有效恢复肌肉功能，还能在专项运动中展现出更高的灵活性和适应性，从而为提高运动表现和预防运动损伤提供坚实保障。

三、康复性体能训练的技术要点

（一）动作的正确性与标准性

在康复性体能训练中，每一个动作的正确性和标准性都是至关重要的。这是因为，正确的动作姿势和轨迹不仅有助于运动员有效地提高训练效果，而且能够显著降低运动损伤的风险。运动员在训练过程中，往往由于疼痛、肌肉力量不足或技术动作不熟练等原因，容易出现动作错误或变形。这些错误不仅可能导致训练效果大打折扣，还可能加剧运动员的伤病情况，甚至引发新的损伤。

因此，教练在康复性体能训练过程中，需要密切关注运动员的动作执行情况，并对其进行严格的监督和指导。教练应该具备专业的知识和技能，能够准确地判断运动员的动作是否正确，并及时纠正错误的动作姿势。此外，教练还需要根据运动员的伤病情况和体能水平，为其制定合适的动作难度和训练强度，以确保运动员能够在安全、有效的环境中进行训练。

在实际操作中，教练可以通过视频分析、动作示范、实时指导等方式，帮助运动员掌握正确的动作姿势和轨迹。同时，教练还可以根据运动员的反馈和训练效果，不断调整和完善训练计划，以确保运动员能够在正确的指导下进行训练。

（二）训练的针对性与个体化

康复性体能训练需要根据运动员的伤病情况、体能水平、心理状态等因素制订个性化的训练计划。这是因为每个运动员的伤病情况、体能水平、心理状态都是不同的，需要采用不同的训练方法和手段来满足其个性化需求。如果采用"一刀切"的训练计划，不仅可能无法满足运动员的个性化需求，还可能对运动员的身体造成不必要的负担和损伤。

因此，在制订康复性体能训练计划时，教练需要对运动员进行全面评估和分析，了解其伤病情况、体能水平、心理状态等因素。然后，根据评估结果，为运动员制订个性化的训练计划，包括训练目标、训练内容、训练强度、训练频率等方面的内容。在训练过程中，教练还需要密切关注运动员的身体反应和训练效果，及时调整训练计划以满足其个性化需求。

同时，教练还需要根据运动员的伤病情况和体能水平，为其制定合适的训练负荷和训练强度。在康复性体能训练中，训练负荷和训练强度的选择非常重要。如果训练负荷和训练强度过大，可能会对运动员的身体造成过大的负担和损伤；如果训练负荷和训练强度过小，则可能无法达到预期的康复效果。因此，教练需要根据运动员的实际情况，为其制定合适的训练负荷和训练强度，并在训练过程中不断进行调整和优化。

（三）训练的持续性与周期性

康复性体能训练是一个长期的过程，需要运动员和教练共同努力、持之以恒。在训练过程中，需要保持训练的持续性和周期性，即按照预定的训练计划进行训练，并在每个训练周期结束后进行评估和调整。这样可以确保运动员在逐步适应训练负荷的同时，不断提高体能水平和运动表现。

在康复性体能训练中，训练的持续性是指运动员需要按照预定的训练计划进行训练，并坚持不懈地进行下去。这是因为康复性体能训练需要一定的时间来产生效果，如果训练时间不足或间断，可能会影响康复效果。同时，训练的持续性也有助于运动员养成良好的训练习惯和运动习惯，为其未来的运动生涯打下坚实的基础。

而训练的周期性则是指在训练过程中，需要按照预定的周期进行训练和评估。在每个训练周期结束后，教练需要对运动员的训练效果进行评估和总结，并根据评估结果对训练计划进行调整和优化。这样可以确保运动员在适应训练负荷的同时，不断提高体能水平和运动表现。同时，周期性训练也有助于运动员在训练中保持一定的节奏和动力，避免出现训练疲劳和厌倦情绪。

在实际操作中，教练可以通过制订详细的训练计划和时间表来确保训练的持续性和周期性。同时，教练还需要与运动员保持良好的沟通和交流，了解其身体反应和训练感受，并根据运动员的反馈和训练效果及时调整训练计划。这样不仅可以确保训练的针对性和个体化，还可以提高训练的持续性和周期性，从而达到更好的康复效果。

四、不同运动项目的康复性体能训练

（一）田径项目的康复性体能训练

田径项目涉及广泛的运动技能，从短跑、中长跑、跨栏到跳跃和投掷等，每个项目都有其特定的技术要求和体能需求。因此，田径运动员的康复性体能训练必须紧密结合其专项特点。

1. 田径项目的伤病分析

田径运动员常见的伤病包括肌肉拉伤、关节扭伤、足底筋膜炎等。这些伤病的发生与运动员的训练负荷、技术动作、生物力学特征等因素有关。因此，在进行康复性体能训练前，需要对运动员的伤病进行全面分析，明确伤病的原因和程度。

2. 田径项目康复性体能训练计划设计

（1）基础体能训练。针对田径项目的特点，加强基础体能训练，如力量、速度、耐力、柔韧性和协调性等。这些基础体能的提高有助于运动员更好地应对训练和比赛中的挑战。

（2）技术动作训练。在康复过程中，结合运动员的专项技术动作进行训练。例如，对短跑运动员，可以设计一些与起跑、加速、途中跑和冲刺等动作相关的训练；对跳跃运动员，可以加强起跳、腾空和落地等动作的练习。

（3）伤病预防训练。在康复性体能训练中，要特别注重伤病的预防。通过加强运动员的关节稳定性、肌肉力量和柔韧性等，降低伤病的风险。

3. 田径项目康复性体能训练效果评估与调整

在康复性体能训练过程中，需要定期评估运动员的训练效果。这可以通过体能测试、技术动作评估、伤病恢复情况等方式进行。根据评估结果，及时调整训练计划，确保运动员在逐步恢复的同时，能够持续提高体能水平和运动表现。

（二）球类项目的康复性体能训练

球类项目包括足球、篮球、排球等，这些项目对运动员的体能、技术和战术能力都有较高的要求。在球类项目中，运动员的伤病情况也较为复杂，涉及肌肉、关节、韧带等多个部位。

1. 球类项目伤病特点与康复需求

球类运动员常见的伤病包括肌肉劳损、关节扭伤、韧带拉伤等。这些伤病的发生与运动员的技术动作、比赛强度、场地条件等因素有关。因此，在进行康复性体能训练时，需要充分考虑运动员的伤病特点和康复需求。

2. 球类项目康复性体能训练策略

（1）基础体能训练。加强球类运动员的基础体能训练，如力量、速度、耐力、柔韧性等。这些基础体能的提高有助于运动员在比赛中更好地发挥技术和战术能力。

（2）技术动作训练。结合球类项目的特点，设计与专项技术动作相关的训练。例如，对足球运动员，可以加强运球、传球、射门等动作的练习；对篮球运动员，可以加强运球、投篮、防守等动作的练习。

（3）伤病预防训练。在康复性体能训练中，注重伤病的预防。通过加强运动员的关节稳定性、肌肉力量和柔韧性等，降低伤病的风险。同时，注意训练负荷的合理安排，避免过度训练导致的伤病发生。

3. 球类项目康复性体能训练中的注意事项

在进行技术动作训练时，要注意动作的正确性和标准性，避免因技术动作不当导致的伤病发生。

在训练过程中，要密切关注运动员的身体反应和伤病情况，及时调整训练计划。

合理安排训练负荷和休息时间，避免过度训练导致的身体疲劳和伤病风险增加。

（三）体操、跳水等技巧类项目的康复性体能训练

体操、跳水等技巧类项目对运动员的身体协调性、平衡能力和柔韧性等要求较高。这些项目的运动员在训练中容易受到伤病的影响。

1. 专项技术动作与康复性体能训练的结合

在进行康复性体能训练时，要紧密结合体操、跳水等项目的专项技术动

作。通过设计与专项技术动作相关的训练动作和练习方法，帮助运动员恢复和提高与专项运动相关的身体功能。

2. 技巧类项目体能训练中的技巧性保护与调整

在技巧类项目的训练中，运动员需要完成一些高难度的动作。为了保护运动员免受伤病的影响，需要采取一些技巧性保护措施。例如，在训练中加强关节的保护性训练、使用防护器材等。同时，在运动员出现技术动作问题时，要及时进行调整和纠正。

3. 伤病预防与体能提升的综合训练

在康复性体能训练中，要注重伤病的预防和体能的提升。通过加强运动员的身体协调性、平衡能力和柔韧性等训练，降低伤病的风险；同时结合专项技术动作的训练提高运动员的体能水平和技术能力。

五、康复性体能训练在运动队中的实践发展

第一，加强对康复性体能训练理论的学习和普及。管理层和教练员应积极推动康复性体能训练理论的学习和普及，确保运动员能够理解并应用这些理论来支撑他们的训练。同时，应加大对康复性体能训练研究的投入，深入探索其科学原理，以期早日实现康复体能训练理论的系统化和科学化。通过大量的随机对照测试，确定最优的运动频率、运动强度和运动持续时间，从而不断完善当前的康复体能训练知识体系。

第二，科学对待康复性体能训练。教练员需要不断提升自己的知识储备和技能水平，站在运动员的角度考虑问题。他们应从训练的实际情况出发，创新训练方法和手段，激发运动员的训练热情。由于康复性体能训练的效果需要长期持续的训练才能显现，教练员应对此给予足够的重视，并根据不同运动员的特点，科学安排训练内容、强度和时间。

第三，不断完善康复体能训练团队。各级管理部门应重视康复性体能训练，为运动队配备专业的康复体能训练人才，包括教练员、专项体能教练员、康复体能训练师和队医等，以构建一个完整的训练团队。为避免因人员配备不足而影响运动员的体能训练和康复，应设立专门的体能康复师职位。

第四，重视康复性体能训练人才的培养。优化运动队内康复体能人员的知识结构，提高其综合素质。作为复合型人才的体能康复师，不仅需要具备医学

知识，还要熟悉训练知识。国外的康复体能训练师通常是运动员出身，并拥有运动防护师和物理治疗师执照。因此，体能康复师应具备多元化的知识体系，包括运动训练、生物力学、运动生理、运动医学和人体解剖等方面的知识，同时还要有较高的人文素养和职业道德。

第五，高校与康复体能相关的专业应重视理论与实践的结合。目前，高校体育院系中设置的运动人体科学专业等与康复体能相关的专业学生毕业后，通常在医院康复理疗科工作，这与为运动队提供运动损伤服务的需求存在较大差距。康复体能知识的学习应与实践相结合，使学生在实践中应用理论知识，为受伤运动员提供更好的帮助。同时，运动队应完善聘用和选拔专职体能康复师的机制，以满足越来越多运动队对康复体能师的需求。随着运动队对康复体能人才的需求不断增加，这一机制的完善已变得刻不容缓。

第三节　数字化体能训练理念

一、数字化体能训练理念的背景

体能训练作为挖掘人类运动潜能、提升运动员竞技能力的重要手段，历来在体育训练中占据着举足轻重的地位。随着数字化科学技术的迅猛发展，体能训练领域也迎来了革命性的变革，数字化体能训练理念的提出与实践，标志着体能训练向更加科学化、精准化、个性化的方向发展。

数字化体能训练理念的起源，可追溯到运动科学领域对运动员训练过程量化分析的追求。传统体能训练虽然积累了丰富的经验和理论成果，但在实时监控、数据分析和个性化指导方面存在局限。随着科技的不断进步，尤其是测量技术的日益成熟，为体能训练数据的实时采集和分析提供了可能。数字化体能训练理念的提出，正是基于这一背景，旨在通过现代科技手段，实现对运动员训练过程的全方位、多角度监控，为训练计划的制订和调整提供科学依据。

数字化体能训练理念的核心在于应用现代科技手段，对运动员的体能训练过程进行实时监控和数据采集，通过数据分析来评估训练效果、指导训练计划的调整。其特点主要表现在以下方面：

第一，实时监控。数字化体能训练能够实现对运动员训练过程的实时监控，确保训练过程的安全性和有效性。

第二，数据驱动。数字化体能训练以数据为核心，通过对数据的分析来指导训练计划的制订和调整，提高训练的针对性和实效性。

第三，个性化指导。数字化体能训练能够根据运动员的个体差异和训练需求，提供个性化的训练指导和建议，促进运动员潜能的充分挖掘。

第四，高效便捷。数字化体能训练通过高度集成的软件系统和智能化设备，实现数据的快速处理和分析，为教练员和运动员提供便捷的训练支持。

数字化体能训练理念的实现离不开现代科技的支持。全球卫星定位系统、压力传感器、加速度计、陀螺仪等先进技术的应用，为运动员运动数据的采集提供了有力保障。同时，无线传输、云计算等技术的应用，实现了数据的快速传输和高效处理，为数字化体能训练提供了强大的技术支撑。这些技术的应用，使得数字化体能训练在数据采集、传输、处理和分析等方面具备了高度的准确性和实时性，为训练效果的评估和训练计划的调整提供了科学依据。

数字化体能训练理念的实践意义在于其能够显著提高体能训练的科学性和实效性。首先，通过实时监控和数据采集，教练员可以更加准确地了解运动员的训练状态和训练效果，为训练计划的制订和调整提供科学依据。其次，数字化体能训练能够实现对运动员的个性化指导，根据运动员的个体差异和训练需求制订个性化的训练计划，促进运动员潜能的充分挖掘。最后，数字化体能训练还能够提高训练过程的安全性和有效性，降低运动损伤的风险，提高运动员的竞技表现。

二、数字化体能训练的实践应用

数字化体能训练的实践应用是将现代科技手段与体能训练紧密结合，通过先进的设备、技术和方法，实现对运动员体能状态的实时监测、训练计划的个性化制订、训练过程的精准控制以及训练效果的客观评估。

（一）体能训练设备数字化

随着科技的进步，越来越多的体能训练设备实现了数字化升级。这些数字化设备能够实时记录运动员的训练数据，如运动轨迹、速度、力量、心率等，为教练和运动员提供全面、准确的训练反馈。数字化设备的种类丰富，包括但不限于跑步机、力量训练器械、敏捷训练器材等。

在数字化设备的实际操作与应用中，教练和运动员可以根据设备提供的数据，及时调整训练计划，确保训练的科学性和有效性。例如，在力量训练中，数字化力量训练器械可以实时监测运动员的举重力量、次数和休息时间，教练可以根据这些数据为运动员制订更加个性化的训练计划，避免过度训练或训练不足。

（二）运动员状态监控与评估

数字化体能训练还涉及对运动员状态的实时监控与评估。通过穿戴式传感器、运动捕捉系统等设备，可以实时监测运动员的心率、呼吸、肌肉活动等生理指标以及运动轨迹、速度、加速度等运动学参数。这些数据的收集和分析，有助于教练了解运动员的训练状态、体能水平和运动表现，为训练计划的制订和调整提供科学依据。

在训练效果评估方面，数字化技术可以实现客观、量化的评估。通过对比训练前后的数据变化，可以直观地了解运动员的体能提升情况、训练计划的实施效果以及存在的问题。这种评估方式不仅准确可靠，而且具有高度的可重复性和可比较性，有助于教练和运动员对训练过程进行持续优化。

（三）个性化训练计划的制订与实施

基于数字化技术的个性化训练计划制订与实施是数字化体能训练的核心内容之一。通过对运动员的体能水平、伤病情况、心理状态等因素进行全面评估和分析，结合运动员的个人目标和需求，可以制订出符合其个性化需求的训练计划。

在制订个性化训练计划时，需要充分利用数字化技术提供的数据支持。例如，通过对运动员的心率、呼吸等生理指标进行实时监测和分析，可以了解运动员的身体状况和运动能力；通过对运动员的运动轨迹、速度等运动学参数进行捕捉和分析，可以了解运动员的技术特点和运动习惯。这些数据可以为教练制订更加精准、有效的训练计划提供有力支持。

在实施个性化训练计划时，需要确保计划的执行和监控。教练和运动员需要密切合作，确保运动员能够按照计划进行训练，并及时调整计划以适应运动员的身体状况和训练效果。同时，教练还需要对运动员的训练过程进行实时监控和评估，及时发现并纠正问题，确保训练计划的顺利实施。

（四）运动损伤预防与康复

数字化体能训练在运动损伤预防与康复方面也发挥着重要作用。通过实时监测运动员的生理指标和运动学参数，可以及时发现运动员身体的异常情况或潜在的运动损伤风险。教练可以根据这些数据为运动员制定针对性的预防措施或调整训练计划以降低损伤风险。

在运动员受伤后，数字化技术也可以为康复过程提供有力支持。通过穿戴式传感器等设备实时监测运动员的康复进展和身体状况，可以为教练制订更加精准的康复计划提供数据支持。同时，数字化技术还可以辅助运动员进行康复训练，如通过虚拟现实技术模拟训练场景提高运动员的康复效果等。

总之，数字化体能训练的实践应用涵盖了体能训练设备数字化、运动员状态监控与评估、个性化训练计划的制订与实施以及运动损伤预防与康复等多个方面。这些应用不仅提高了体能训练的科学性和有效性，而且为运动员的全面发展提供了有力支持。随着科技的不断发展和创新，数字化体能训练将在未来发挥更加重要的作用。

三、数字化体能训练的效果评估与优化

（一）数字化体能训练效果评估方法

数字化体能训练效果评估的核心在于构建一个全面、科学的评估指标体系。这一体系通常包括生理指标、运动学参数、心理状况以及竞技成绩等多个方面。

第一，生理指标评估。通过穿戴式传感器等设备实时监测运动员的心率、血压、血氧饱和度等生理指标，以评估运动员的体能状况和训练负荷的适应性。这些指标能够直观反映运动员的身体状态，为教练调整训练计划提供依据。

第二，运动学参数评估。利用运动捕捉系统、视频分析软件等工具，对运动员的运动轨迹、速度、加速度、力量等运动学参数进行捕捉和分析。通过对比训练前后的数据变化，可以评估运动员的运动技能水平和训练效果。

第三，心理状况评估。通过问卷调查、心理测试等方法，了解运动员的心理状态、自信心、焦虑水平等。这些评估结果有助于教练及时发现运动员的心理问题，并采取相应的心理干预措施。

第四，竞技成绩评估。将运动员在比赛中的表现作为训练效果的重要评估指标。通过对比训练前后的比赛成绩，可以客观评价训练计划的实施效果，为进一步优化训练计划提供依据。

在评估过程中，需要确保数据的准确性和可靠性。教练和科研人员应使用专业的设备和软件对数据进行采集、处理和分析，避免主观因素对评估结果的影响。

（二）数字化体能训练优化策略

根据评估结果，可以制定针对性的优化策略以改进训练计划，以下是一些常见的优化策略：

第一，调整训练负荷。根据运动员的生理指标和训练效果评估结果，适当调整训练负荷的大小和分布。对于体能状况较差的运动员，可以适当降低训练负荷以避免过度训练；对于体能状况较好的运动员，可以适当增加训练负荷以提高训练效果。

第二，优化训练技术。根据运动员的运动学参数评估结果，对训练技术进行优化和改进。通过纠正错误的运动姿势、提高动作效率等方式，可以帮助运动员更好地掌握运动技能并提高训练效果。

第三，加强心理干预。针对运动员的心理问题，采取相应的心理干预措施。如通过心理咨询、心理辅导等方式帮助运动员缓解焦虑、增强自信心等，从而提高运动员的训练积极性和竞技水平。

第四，引入新技术和新方法。随着科技的不断发展，新的数字化技术和方法不断涌现。教练和科研人员应关注这些新技术和新方法的发展动态，及时将其引入到数字化体能训练中以提高训练效果。

第六章
现代体能训练智能化发展的依据

第一节　计算机网络技术与现代体能训练

一、计算机网络技术在现代体能训练中的应用
（一）数据收集与分析

计算机网络技术为现代体能训练提供了强大的数据支持。通过收集运动员的训练数据、生理指标、比赛成绩等信息，利用计算机软件进行分析和处理，可以更加准确地了解运动员的身体状况、训练效果和竞技水平，为制订个性化的训练计划提供科学依据。

（二）远程监控与指导

利用计算机网络技术，教练员可以远程监控运动员的训练过程，实时了解运动员的训练状态，及时发现问题并进行指导。这种远程监控和指导方式不仅提高了训练效率，还降低了训练成本，使得更多的运动员能够享受到高水平的训练服务。

（三）训练资源共享与交流

计算机网络技术打破了地域限制，使得训练资源得以在全球范围内共享和交流。教练员和运动员可以通过网络获取最新的训练理论、方法和手段，了解国际先进的训练理念和趋势，提高自身的训练水平。同时，还可以通过网络与其他国家和地区的运动员进行交流和竞技，提高竞技水平和国际竞争力。

二、计算机网络技术与现代体能训练融合的趋势

随着信息技术的不断发展和普及，计算机网络技术与现代体能训练之间的

融合趋势越来越明显。未来，可以预见以下方面的发展趋势：

（一）智能化训练系统的普及

利用人工智能、大数据等先进技术，开发智能化的训练系统，为运动员提供更加科学、个性化的训练方案。这些系统可以根据运动员的身体状况、训练数据和竞技需求，自动调整训练计划和训练强度，提高训练效果和竞技水平。

（二）虚拟现实技术的广泛应用

虚拟现实技术将在现代体能训练中发挥更加重要的作用。通过虚拟现实技术，可以模拟各种复杂的比赛场景和训练环境，让运动员在虚拟世界中进行全方位的训练和竞技。这将大大提高运动员的适应能力和竞技水平。

（三）数字化健身俱乐部的兴起

数字化健身俱乐部将成为未来健身行业的重要趋势之一。这些俱乐部将利用计算机网络技术，为会员提供个性化的健身方案、在线健身课程、健康咨询等服务。会员可以通过手机、电脑等终端随时随地进行健身训练，享受更加便捷、高效的健身服务。

第二节　大数据技术与体育发展

"大数据的优势十分明显，除了具有数据规模大、数据种类多的特点外，流通便捷、数据价值密度低和数据处理速度快也是其最为明显的特征。在大数据时代背景下，企业对大数据技术的依赖程度不断加深，通过数据共享可以有效降低企业经营成本。"[①]随着社会信息化和数字化程度的不断提升，体育产业也逐渐迎来了智慧化时代。在这一背景下，大数据技术作为信息时代的核心驱动力之一，为智慧体育的发展提供了有力支持。在传统的体育训练和比赛中，运动员和教练主要依靠经验和直觉进行决策。随着大数据技术的普及，运动数据、生理数据和训练记录等信息的采集和分析为体育决策提供了全新的视角。智慧体育作为运动与科技相结合的产物，借助大数据的分析和应用，为运动员、教练、体育组织和观众提供了更为深入和全面的帮助。

---

① 曾珍，曹阳阳，马雯倩.大数据背景下体育产业发展的机遇与挑战探究[J].文体用品与科技，2024（02）：85.

一、大数据技术在体育领域中的应用

（一）运动员的能力评估

大数据技术在运动员能力评估方面发挥了重要作用，为教练和运动科学家提供了全面、精准的数据支持，有利于优化训练计划、提高运动员表现。

第一，大数据技术通过生物传感器和智能设备的应用，实现了运动员生理参数的实时监测，对心率、血氧饱和度、运动轨迹等多方面的生理数据进行采集，并在训练或比赛中实时传输到云端进行存储和分析。这些数据的集成分析能够让教练详细地了解运动员在不同强度和情境下的生理反应，有助于确定训练负荷、调整恢复策略以及优化个性化训练计划。

第二，大数据技术在技术动作分析方面发挥了关键作用。通过运动捕捉设备、摄像头和惯性传感器等工具，运动员在比赛或训练中的关键技术动作可以被记录和分析。这种技术动作的大数据分析有助于识别运动员的技术强项和改进点，为运动员提供个性化的技术训练建议，从而优化技术细节，提高比赛表现。例如，在里约奥运会上，BMW为美国游泳队提供了一套动作分析系统，用以捕捉运动员们的水下动作，再通过专业的数据模型，来改善运动员们的泳姿。

第三，大数据技术也在比赛数据统计和战术分析中发挥了关键作用。通过追踪运动员在比赛中的位置、速度、传球次数等各类数据，教练可以获取对方和己方的比赛数据，进行对比分析。这有助于制定更精细的比赛战术，调整球队阵容，更好地应对对手的策略，提高比赛胜率。

第四，大数据技术还在运动员健康管理方面发挥了重要作用。通过监测运动员的受伤风险指标、疲劳水平等数据，教练和医护团队可以更早地发现潜在的健康问题，采取相应的干预措施，确保运动员的身体状况处于最佳状态。例如，通过大数据的积累和建模，可以提高运动员的成绩，以及预防运动伤病，同时也有助于发掘运动人才。

通过全面、实时地收集和分析多维度的数据，教练和运动科学家能够更好地了解运动员的整体状态，精准地制定训练和竞技策略，推动体育训练向更高水平迈进。

（二）提升观众体验

大数据技术在体育领域的应用极大地丰富了观众体验。从数据分析到虚拟现实的运用，为观众带来了深刻、丰富和个性化的体育娱乐体验。大数据技术通过对运动员和球队数据的深入分析，为观众提供了全面而准确的比赛数据。观众能够了解到运动员的实时表现、历史数据和技术统计等信息，这不仅帮助他们更深入地理解比赛的发展和结果，还为他们提供了更多参与讨论和预测比赛结果的机会，从而增强了互动性和参与感。

此外，大数据技术通过智能推荐系统为观众提供个性化的内容推荐。系统根据观众的历史观赛记录、喜好和偏好，能够精准推荐相关的比赛、精彩瞬间或相关新闻，使观众更容易找到他们感兴趣的内容，提升了个性化的观看体验。

在虚拟现实方面，大数据技术为观众创造了沉浸式的体育观赛体验。通过虚拟现实技术，观众即使在家中也能体验到仿佛置身于球场的紧张氛围和激动人心的瞬间。这种沉浸式体验不仅为无法现场观赛的观众提供了更真实的感受，也为体育赛事的转播带来了新的可能性，增强了观众的沉浸感和参与感。

总体来说，大数据技术在体育领域的应用为提升观众体验带来了显著变革。从深度数据分析到个性化推荐，再到虚拟现实的运用，这些技术的融合使观众能够更全面、深入地了解比赛，同时提供了个性化和沉浸式的观赛体验。体育赛事因此不仅仅是一场比赛，更是一场融合知识、互动和娱乐的盛会。

（三）赛事预测与数据驱动决策

大数据技术在赛事预测和数据驱动决策方面发挥了重要作用，帮助球队、教练和管理层拥有更深入的洞察力，帮助他们做出更明智的决策，提高竞技水平。

一方面，大数据技术通过对球员和球队的庞大数据集进行分析，能够实现更准确的赛事预测。运用先进的数据算法，可以对球员的表现、球队的战术以及比赛历史等多方面数据进行综合评估，预测比赛结果；另一方面，大数据技术为体育领域的决策制定提供了数据支持。球队和教练可以利用大数据分析来了解球员的体能状况、伤病风险、技术特点等方面的信息。通过这些数据，他们可以制订更科学的训练计划，预防运动员受伤，提高团队的整体竞技水平。

管理层在转会市场上也能更有针对性地进行球员招募，根据球队需求和战术体系，选用最合适的球员。

此外，大数据技术还为比赛过程中的实时决策提供了支持。在比赛中，教练可以通过实时分析数据来调整战术，进行替补调度，以应对对手的变化。这种实时决策的数据支持使得教练能够更迅速地做出符合实际情况的战术调整，提高比赛的胜算。

大数据技术为各个层面的体育从业者提供了全新的视角和决策依据。通过深度分析球员和比赛数据，大数据技术为体育领域注入了更多的智能和科技元素，推动了整个行业向更为精密、高效和科学的方向发展。

（四）体育营销和商业化

大数据技术在体育营销与商业化方面发挥着关键作用，为促进品牌推广、提高参与度和优化商业决策提供了强大的支持。通过深度的数据分析，体育产业能够更好地理解用户行为、市场趋势以及运动员和球队的影响力，从而制定更精准的营销策略。

首先，大数据技术为体育营销提供了更为精细的目标定位和个性化推广。通过分析大规模的用户数据，体育品牌可以深入了解不同群体的兴趣、喜好和消费习惯，从而有针对性地进行推广活动。例如，根据用户的地理位置、年龄段和兴趣爱好，品牌可以量身定制推广内容，提高推广效果，实现更高的转化率。

其次，大数据技术为体育赛事提供了更多的商业化机会。通过分析观众行为和赛事数据，体育组织可以更好地理解观众需求，提供个性化的赛事体验，并为合作伙伴和赞助商提供更具吸引力的合作机会。通过数据分析，品牌可以更精确地选择合适的赞助项目，提高投资回报率，同时为观众提供有趣的互动体验，增加用户黏性，促进体育产业发展。

最后，大数据技术也为体育产业提供了新的商业模式，例如虚拟商品的销售和电子竞技产业的崛起。通过分析玩家和观众的数据，体育产业可以推出符合他们需求的虚拟商品，创造新的收入流。同时，通过在线直播、虚拟物品交易等方式，形成了独特的商业生态系统，大数据技术为这些新兴产业发展提供了有力支撑。此外，大数据还为体育产业创造了新的商业机会，拓展了商业边界，推动了体育产业向更为智能、创新和可持续的方向发展。

二、大数据技术与智慧体育融合发展路径

（一）加大数据采集和存储的投入

随着社会信息化的不断推进，大数据技术与智慧体育的融合发展成为推动体育产业升级的重要驱动力。在这一融合过程中，加大数据采集与存储的投入是实现智慧体育发展的关键环节之一。在大数据时代，更多的数据意味着更多的信息和机会，我国体育产业应加大对比赛数据、运动员训练数据、观众行为数据的采集力度，同时加强数据的存储和管理，以满足大规模数据的分析和挖掘需求。

（二）加强数据分析和应用的技术支持

大数据技术在智慧体育中的融合发展呈现出广阔的前景，其核心在于加强数据分析与应用的技术支持。在技术支持方面，智慧体育可以借助人工智能、机器学习等技术实现更精细的数据处理和分析。这包括提升数据分析的算法和软件工具，在数据挖掘、预测分析、个性化推荐和差异化服务等方面积极探索和创新，通过建立智能算法模型，使系统可以自动识别运动员的特征、分析比赛视频，提供实时的战术建议。这不仅减轻了教练员的工作负担，还提高了决策的准确性，从而更好地利用大数据技术推动体育产业的发展。

（三）强化数据安全和隐私保护

大数据技术在智慧体育领域的融合发展为体育产业带来了显著变革，然而，随之而来的数据安全与隐私保护问题也引起了广泛关注。在这一发展过程中，强化数据安全与隐私保护是至关重要的一环。

第一，建立完善的数据安全体系，确保大数据在智慧体育中的应用不会导致信息泄露或滥用。这包括采用先进的加密技术，建立安全的数据传输通道，以及建立健全的访问控制和权限管理机制。通过这些措施，可以有效防范恶意攻击和非法获取数据的行为，保障运动员、球队和相关机构的数据安全。

第二，隐私保护也应成为智慧体育发展的重点。在大数据应用中，涉及运动员和相关参与者的个人信息，这些信息往往与隐私密切相关，因此需要建立严格的隐私保护机制。这包括明确数据收集和使用的目的，获取用户的明确同意，以及建立有效的数据删除和修正机制。同时，智慧体育平台应遵循相关法

规和标准，确保数据处理的合法性和透明度。

在智慧体育的发展路径上，行业各方应加强合作，共同制定并遵守数据安全和隐私保护规范，以推动智慧体育与大数据技术的融合发展。只有在数据安全和隐私保护得到充分重视的前提下，智慧体育才能更好地发挥大数据技术的优势，推动体育产业的可持续发展。这也是实现大数据与智慧体育融合发展的必由之路。

（四）建立合理的政策体系及标准规范

大数据技术与智慧体育的融合发展是当今体育产业的重要趋势，为促进其健康可持续发展，建立合理的政策体系和标准规范是至关重要的。

首先，相关部门应制定支持大数据技术在体育领域应用的政策，以激发企业投入和创新。这包括制定财政政策、提供税收激励以及制定相关产业支持政策，鼓励企业在大数据技术研发和应用上的投入。

其次，建立智慧体育领域的标准规范至关重要。这包括技术标准、数据安全标准、隐私保护标准等方面的规范，以确保大数据技术在体育中的应用是安全、可靠、公平的。相关主管部门可以联合行业协会、专业机构等，制定并不断更新适应技术发展的标准，为企业提供明确的指导，促进产业健康发展。

另外，相关部门还应加强对大数据技术在体育领域应用的监管，确保数据的合法、合规使用。通过制定相关法规，规范数据收集、处理和共享的流程，明确数据的产权和使用权，防范潜在的风险和信息滥用。

最后，相关部门还可以通过国际合作，推动全球范围内的标准化，促进国际智慧体育产业的良性发展。通过与其他国家的经验互鉴，形成全球性的标准，推动行业的协同发展，推动技术创新和产业升级。

在合理的政策体系和标准规范的支持下，大数据技术与智慧体育的融合发展将更具活力，为体育产业带来更多创新和机遇。

第三节　物联网技术及智慧健身

一、物联网技术

（一）物联网的概念

物联网的出现改变了人们的思维习惯和生活方式。传统思维认为车站、公路、机场等物理基础设施和计算机、宽带、数据中心等IT基础设施是相互独立的，但随着物联网的出现，物理基础设施和IT基础设施逐渐形成一个整体，成为统一的基础设施。可以说，物联网的基础设施创造了一个崭新的地球。

物联网的定义体现在字面意思中，"物"即物体、物品，"网"指网状、网络，"联"指关联、联系，将这些含义组合起来可以得到物联网的初步定义，即通过类似网状的形式将各个物体之间联系起来的一种体系结构。这种网状结构和互联网差不多，只是互联网指的是人与人之间的联系，而物联网是将物与物联系起来，它的主要目的是进行信息交换与通信。

任何事物之间都具有联系，互联网和物联网是相互依存、相互联系的关系。物联网以互联网为基础，没有互联网，物联网的概念就像无源之水。

（二）物联网的特点

物联网是在互联网的基础上建立和发展的，其运行离不开互联网。但是物联网和互联网又有许多明显的区别，从网络的角度来看，物联网主要有以下三个特点：

第一，物品触网。互联网为物联网中的各个设备之间的通信提供网络基础，实现了物联网间的信息传递。物联网中存在大量的传感器，传感器收集到的信息需要通过互联网传输，物联网的重要特征就是"物品触网"，通过对互联网各种协议的支持，来保证信息传输的可靠性。

第二，识别与通信。物联网中的传感器种类和功能各不相同，所收集到的信息囊括了生活的方方面面，这些信息具有时效性，因此要对信息不断进行刷新。这些传感器将物理世界信息化，将分离的物理世界和信息世界高度地融合在一起。

第三，智能化。物联网不是单纯地收集信息，而是根据信息对相关的设备实现智能化的自动控制。物联网以收集到的信息作为基础，对这些信息进行处理和计算，并利用各种关键技术，实现相关的操作和管理，进而满足不同用户的各种需求。物联网使得自动化的智能控制技术深入到生活中的各个领域。

二、基于物联网技术的智慧健身

"物联网赋能智慧健身具有提升智慧健身运行效率、丰富智慧健身应用场景、转变智慧健身经营方式、优化智慧健身参与模式的价值。"[①]

（一）健身设备的智能化

物联网技术为健身设备的智能化提供了技术支持。通过传感器和物联网技术，健身设备可以收集、传输和分析运动数据，为用户的健身运动提供准确的反馈和指导。例如，智能手环、智能手表等设备能够自动记录用户的步数、心率、消耗的卡路里等数据，用户可以通过手机与这些设备实时同步数据，并通过手机应用程序获得个性化的健身建议和训练计划。

（二）个性化推荐

借助物联网技术，智能健身设备可以根据用户的个人健康数据和运动习惯，为其提供个性化的运动推荐。通过物联网平台的大数据分析和学习算法，智能健身设备可以根据用户的身体状况、喜好和目标，推荐最适合用户的运动项目、训练方法和时间安排。这种个性化的推荐能够更好地满足用户的需求，提高运动效果和乐趣。

（三）运动监测

借助物联网技术，智能健身设备可以通过传感器实时监测用户的运动状态、姿势和运动强度等信息，并将这些数据传输到手机或电脑客户端进行实时分析和反馈。这种方式不仅能指导用户保持正确的运动姿势和强度，还可以帮助用户更好地掌握自己的运动进度和效果。

（四）个人健康管理

物联网技术在智能健身设备中的应用，为个人健康管理提供了便利和精确性。传统的健身设备仅能提供基本的运动数据，而物联网技术使健身设备可以实时监测和分析用户的运动数据，从而为用户提供个性化的健康管理方案。例

---

① 朱兰芳，陈晓峰.物联网赋能智慧健身：价值、现实困境与优化路径[J].体育文化导刊，2022（08）：58.

如，智能手环可以通过传感器获取用户的步数、心率、睡眠和血氧等数据，将这些信息传输到云端平台进行综合分析，再通过个人手机或电脑客户端提供个性化的健康建议和运动计划。

（五）健身器材远程控制

物联网技术可以实现健身器材的远程控制，如开关机、调节速度和坡度等，用户可以通过手机或其他设备进行操作，更加方便快捷。

（六）健身器材故障诊断与远程监控

物联网技术还可以对健身器材进行故障诊断和远程监控。通过对健身器材运行状态、使用情况、故障情况的实时监测，可以及时发现并解决潜在问题，确保健身器材的安全可靠运行。

基于物联网技术的智慧健身为健身行业带来了革命性的变革。通过物联网技术的应用，不仅提升了健身设备的智能化水平，还为用户提供了更加便捷、高效、个性化的健身体验。未来，随着技术的不断发展和普及，智慧健身将迎来更加广阔的发展前景。

第七章
现代体能训练的智能化实现

第一节　人工智能应用于体能训练的可行性

近年来，人工智能发展迅速，已经成为科技界和大众都十分关注的一个热点领域。尽管目前人工智能在发展过程中还面临着很多困难和挑战，但人工智能已经创造出了许多智能产品，并将在越来越多的领域制造出更多甚至是超过人类智能的产品，为改善人类的生活做出更大贡献。"人工智能是新一代'通用目的技术'，对经济社会发展和国际竞争格局产生着深刻影响。"[1]

人工智能应用于体能训练的可行性分析如下：

一、科技赋能现代体能训练变革

伴随着"大数据"和"人工智能"时代到来，现代体能训练也正在发生重大变革。没有数据的训练不是科学的训练，训练数据监控已经成为我国高水平运动员竞技能力获得的基本路径。通过科技手段可以充分挖掘人们的运动潜能，体能训练的监控也从传统的生理生化监控向运动表现监控转化，使得体能训练更加数据化、智能化、精准化、调控化。国内已经有部分科研机构在重点关注体能训练智能化的发展，国家一些体育科研机构相继建立了"数字化体能训练实验室""数字化体能训练中心"。因此，现代科学技术的发展为体能训练创造了科学化、现代化的条件，也使体能教学训练智能化具备了可操作性。

---

① 张鑫，王明辉.中国人工智能发展态势及其促进策略 [J].改革，2019（09）：31.

二、体能训练的人工智能化逐渐普及

随着信息时代的到来，体能训练的智能化和大数据分析已经变得不再陌生，人工智能在体能训练中的应用也逐渐普及。我国近些年也投入了大量的人力物力发展智能化运动器械以求提升我国的竞技体育水平。虽然我国的智能化体育训练技术和设备还处于发展阶段，还无法达到完全智能化的水平，但部分运动已经使用了前沿的智能化体能训练设备。由此可见，智能化的体能训练发展对运动员来说是迫在眉睫和势在必行的革新，有助于提升运动员的体能水平。

三、人工智能应用于体能训练日趋成熟

与传统的体能训练相比，智能化体能训练就是使用可穿戴智能设备、AI技术或场地智能化动作捕捉设备以及各种传感器等将运动员体能训练过程中的具体数据进行测量，再通过物联网的形式呈现在教练员的终端，以对运动员的身体形态、运动心率、身体负荷、血压等数据进行掌握，让运动员和教练员都能够做到有的放矢、少走弯路。

第二节　虚拟现实技术在体能训练中的应用

"虚拟现实"（VR）通常被用作各种沉浸式体验的总称，包括许多相关的概念，如"增强现实（AR）"、"混合现实（MR）"和"扩展现实（XR）"。但此处的虚拟现实，通常指的是沉浸式计算机模拟现实，它创造了一个虚拟的现实环境。虽然数字环境既可以基于真实的地点创建，又可以基于想象的地点设计，但它们依然存在于现实世界之外。

虚拟现实技术在体能训练中的应用分析如下：

一、虚拟场域创设，构建无界平台

在虚拟现实技术应用的前提下，运动员的体能训练将置于更为开放的场域之中，通过无界平台的有效关联，嵌入到多元的场景之中，从而使运动员的体

能训练真正得到全方位的虚拟支持。

首先，在虚拟现实技术的支持下，运动员的体能训练正在逐步摆脱对现实硬件设施、场地设施和工具设施的依赖。基于虚拟现实技术所构筑的虚拟训练室变得更为成熟，运动员完全可以借助自有的设施，配备相应的工具，完成在相对狭小场域内的开放式训练。当然，这种训练主要是基于虚拟的场景，让运动员在更贴近真实的高质量运动训练场景中，完成高效能的体能锻炼。随着这一技术的逐步完善，每一名运动员都将拥有世界一流的训练场域，将能够在虚拟现实的场景中，完成更高水准的体能锻炼。

其次，在虚拟现实技术的应用下，运动员的体能锻炼将不再置于相对特定的场景之中，运动员可以根据自身的需求，将训练场景与现实场景紧密关联在一起，引入更多更有益于自身体能提升的新场景或新环境。在当前的体能训练中，不少运动员就将比赛场景作为重要的激励选项，用于丰富体能训练的表现形式，使之具有更强的激发效能。与此同时，不少训练团队选择根据体能训练项目，来配备更为合理的智慧化环境，用音响、气味、光影以及虚拟数据等制造出更有益于运动员体能提升的专属场景。

最后，在虚拟现实技术所构筑的场域中，运动员将能够与多方建立互动关系，无论是教练员，还是亲朋好友，抑或是其他的运动员个体或团队，都能够实现在虚拟平台上的无界交流。这种超越于现实交互水准之上的无界交互机制，将为运动员的体能训练带来积极的影响，也将为运动员的职业发展开辟全新的路径。

总体来看，基于虚拟现实技术所创设的虚拟场域，拥有了跨越界限的可能，基于虚拟现实所构筑的无界平台，正在成为运动员体能训练和专业成长的核心平台。

二、智慧方案优化，形成固定模式

运动员体能训练受到的不确定性因素影响愈发频繁，为了能够让运动员长期稳定、高频高效地参加体能训练，基于虚拟现实技术所构筑的智慧化体能训练方案开始变得更为重要。这一方案主要是针对运动员所处地区的实际情况，综合具体信息，结合运动员所拥有设施和资源的情况，制定多元训练方案，确立常态、非常态和应急状态下的不同训练方案，并做好在周期内的均匀分布。

这样一来，运动员的体能训练，将置于智慧方案的全程监督之下，无论遭遇怎样的不确定性因素，智慧方案都将为运动员体能训练提供精准的解决办法，确保运动员能够在不断变化的外部环境中，保持固定的体能训练模式，切实实现体能训练效果的稳步提高。这种智慧化解决方案，主要是基于虚拟现实技术的混合应用，通过预设方案，灵活配置和综合呈现的方法，借助穿戴设备的有效传导，实现与运动员的直接交互。运动员将能够基于方案，灵活选择各种体能训练方式，而智慧解决方案则会根据运动员的训练反馈结果，来为其制订相应的计划。如此一来，无论面对怎样的不确定性因素，运动员都可以照常开展体能训练，不再因外部变化而出现间断或阻隔。

在传统的运动员体能训练过程中，训练方案制定问题是考验各方智慧的共同难题。一般来说，教练员和运动员会选择紧密安排体能训练的方式，在长周期内保持高强度的体能锻炼，以便保持竞技状态，稳定竞技水平。可是，这种训练方案设计方式忽视了运动员、教练员以及工作人员的生活、休闲、娱乐等需求，导致了精神压力的恶性循环，极易产生负面影响。

在虚拟现实技术应用的过程中，则可以根据运动员现有体能训练的需求，综合设施、场景、资源以及行程安排等方面的客观信息，进行智慧化的方案设计和方案微调，最大限度地利用有限时间，满足运动员的多元需求，让运动员能够在训练、参赛、生活、休闲等不同的场景中，得到不同的锻炼和提升，真正形成适合运动员长效发展的智慧方案。

虚拟现实技术能够充分利用碎片化的时间，为运动员进行个性化的安排，让每一名运动员在体能训练之余，都能获得有益的放松、有益的刺激和有益的强化。更为关键的是，一些相对复杂的生活活动、休闲活动、娱乐活动、竞技活动等，还可以得到虚拟场景、虚拟元素和虚拟设施的支持，让运动员足不出户就能享受运动和生活，实现发展和超越。

三、综合测评信息，创建成长模型

在虚拟现实技术的支持下，运动员体能训练的过程将以动态数据方式呈现在云端，这些宝贵的体能训练数据，将能够以更为合理的方式，对运动员的体能训练进行综合测评，无论是基于最优解决方案对运动员训练过程的合理性进行综合测评，还是基于综合考量对其长效发展进行综合测评，都可以快速展开，并形成更精准、更精细、更可控的测评结果。这些结果就是基于综合测评机制，通过创设运动员成长模型的方式，来进行实时的动态分析和动态展示，相关各方能够根据测评要求，选择自定义测评方案。而平台则会根据运动员所反馈的数据，结合运动员成长模型算法进行实时的结果导出，并对运动员未来的发展可能性进行精准预判。在这种情况下，教练员、运动团体和运动员个人将能够清晰掌握个体发展情况，并实时根据综合测评结果进行成长模式的调整，得到更有益于实际发展的最佳解决方案。

在强大的数据技术支持下，基于云端的综合数据能够对运动员未来的多种发展可能性进行精确预判。这一预判结果不仅包含了最终的发展成效或发展路径，还包含了详细的运动员成长计划和成长方案，对于解决运动员体能训练导向问题，坚定运动员体能训练方向都有着非常重要的价值。相信，随着虚拟现实技术的深度应用，结合语音技术、人工智能技术和大数据技术的综合使用，运动员的体能训练过程将不再是一个单纯的实体运动过程，而将与云端的虚拟成长模型紧密结合在一起。相关各方将通过这一模型的调控，直接影响运动员体能训练的过程，最终使之按照更合理、更科学的成长方式，成就在专业上的发展突破。

在当前的运动员体能训练工作中，基于虚拟现实技术的深度应用，借助体能数据的长效研判，能够为运动员量身定制成长方案，使之在不同时期采取适合自己的方式进行体能训练和体能锻炼。在运动员体能成长的黄金时期，可以采取更主动的体能训练方式，不断提高体能训练效果，追求个人身体状态的超越；在运动员逐渐度过巅峰期，步入到体能衰退阶段之后，则需要根据体能衰退的具体数据分析结果，合理进行技巧的训练和能力的训练，以便于让运动员能够清楚把握自己的体能衰弱情况，采取合理的运动策略、竞技策略和比赛策略；在运动员体能训练遭遇突发问题时，更是能够根据实时反馈数据和长效分析数据，合理安排训练活动、比赛活动和外事活动，让运动员能够更快度过风险期，回归巅峰状态。

事实证明，借助虚拟现实技术的深度应用，运动员的成长规划正变得更为科学、更为精准，也更能够保障运动员的良性发展，使之在事业发展的关键时期保持充沛的发展动力。

第三节　数字化体育训练监控的实践路径

随着科技的不断发展，数字化技术已经深入各个领域，体育训练领域也不例外。数字化技术的应用，使得体育训练更加科学、精确和高效。

数字化体育训练监控的实践路径分析如下：

一、训练数据精准采集与校验

在体育训练领域，数据收集与分析的精确性对于运动员的表现提升至关重要。体育教练员或信息设备采集员通过运用先进的传感器和设备，能够系统地收集运动员在训练过程中的各项数据。这些设备通常具备高精度特性，能够捕捉运动员的细微动作变化，为教练员提供详尽的训练数据。

为确保数据的准确性，采集员在操作过程中需严格遵循设备使用要求，并对信息准确性保持高度关注。数据的准确性不仅关乎运动员的训练效果评估，更直接影响到后续训练计划的制订和调整。因此，教练员在数据分析过程中，必须建立有效的数据校验机制。

数据校验机制的实施，意味着教练员需要定期对已收集的数据进行校准和修正。这一步骤旨在消除由于设备误差、人为操作不当等因素可能带来的数据偏差。通过不断的数据校验，教练员能够确保训练数据的真实性和可靠性，从而为运动员提供更加精准的训练指导。

二、配置完备的训练监控设备

在体育训练中，为了确保运动员能够得到科学、系统且高效的指导，加大资金投入与政策倾斜显得尤为重要。这样的举措旨在根据各个体育专项的独特训练需求，为运动员和教练团队提供先进的数字化体育训练监控设备。

具体而言，运动生物力学分析系统能够为运动员提供详尽的动作分析数据，帮助他们精确理解自己的运动模式，发现潜在的不足并进行针对性的改进。心率监测设备则能够实时监控运动员在训练过程中的生理反应，确保训练强度与运动员的体能状态相匹配，避免过度疲劳或训练不足。此外，虚拟现实设备的引入为运动员提供了沉浸式的训练体验，使他们能够在模拟的竞赛环境中进行演练，提高应对各种复杂情况的能力。

这些数字化体育训练监控设备的配备，不仅有助于提升运动员的训练效率，还能有效减少训练过程中的意外风险。政策层面的支持与资金上的投入，将促使这些先进设备在各级体育训练机构中普及，为运动员的全面发展提供坚实的物质保障。

三、智能决策优化训练与竞技策略

通过集成大数据分析和人工智能技术，可以对运动员的日常训练、比赛表现以及身体状态等数据进行深度挖掘和分析。这些数据不仅涵盖了运动员的体能指标、技术动作，还包括了心理状态和团队协作等多方面的信息。通过对这些数据的整合和比对，智能决策系统能够发现隐藏在数据背后的规律和趋势，为教练员提供科学的训练建议和策略。

在训练过程中，教练员可以根据智能决策系统提供的个性化建议，为运动员量身定制训练计划，确保训练的科学性和针对性。同时，系统还能根据运动员的实时表现，自动调整训练强度和内容，以最大限度地提高训练效果。

此外，智能决策系统还能对运动员的比赛表现进行预测和分析，帮助教练员提前制定应对策略，提高比赛胜率。在团队协作方面，系统也能通过数据分析，发现团队中存在的问题和不足，为教练员提供改进建议，增强团队的凝聚力和战斗力。

参考文献

[1]蔡瑶.高校数字化体育训练监控的现状与实践路径研究[J].当代体育科技, 2024, 14（03）: 171-174.

[2]曹喆涵, DUNCAN F, LORENA T.运动员力量素质与速度素质的相关性[J].中国体育教练员, 2023, 31（03）: 11.

[3]曾珍, 曹阳阳, 马雯倩.大数据背景下体育产业发展的机遇与挑战探究[J].文体用品与科技, 2024（02）: 85.

[4]程红.智慧体育中的大数据应用[J].文体用品与科技, 2024（01）: 190-192.

[5]崔亚洁, 张志博.网球运动的美感[J].灌篮, 2022（14）: 43.

[6]高原, 盛欣.抗阻力训练监测理论和应用研究进展[J].湖北体育科技, 2017, 36（9）: 791.

[7]苟小平, 熊振强.肩关节训练器发明与应用研究[J].文体用品与科技, 2012（16）: 70-71.

[8]郭庆.体育运动中的体能训练分析[M].北京: 北京工业大学出版社, 2019.

[9]胡海旭, 杨国庆.数字化转型: 点燃当代竞技运动训练变革新引擎[J].北京体育大学学报, 2021, 44（11）: 82-86.

[10]贾舒婷, 贺道远.体能训练预防运动损伤研究进展[J].当代体育科技, 2023, 13（2）: 50.

[11]李朝福, 宁宇.基于智能化的普通高校大学生体能发展研究[J].文体用品与科技, 2022, （17）: 65-66.

[12]林柏森.试论系统的体能训练[D].大连: 辽宁师范大学, 2008: 1.

[13]刘雪莲.康复性体能训练的理念和方法[J].拳击与格斗, 2019（10）: 60.

[14]刘阳, 王鑫刚, 薛铭.体能训练理论分析与专项体能训练实践[M].北

京：九州出版社，2021.

[15]龙春生.体能训练法[M].沈阳：辽宁大学出版社，2009.

[16]马杰.核心力量训练的作用探析[J].科技资讯，2014（35）：229.

[17]秦长辉.核心稳定性训练的研究和应用现状[J].体育科技文献通报，2017，25（11）：157-160.

[18]邱雨.高校体能训练理论与方法的应用实践[M].北京：中国经济出版社，2020.

[19]宋金庄，王凯.浅谈现代体能训练的新理念及新方法[J].当代体育科技，2017，7（27）：21+23.

[20]隋岩.现代青少年篮球运动员功能性体能训练的原则与方法[J].当代体育科技，2024，14（01）：19-22.

[21]谭成清，李艳翎，胡湘，等.体能训练[M].长沙：湖南师范大学出版社，2012.

[22]王洁群.热身运动概述[M].大连：大连理工大学出版社，2014.

[23]王向宏，朱永国，董建锋.体能训练理论与方法（第2版）[M].北京：北京航空航天大学出版社，2014.

[24]王雄，苏晓红，周涛，等.我国青少年体能训练发展探析[J].体育文化导刊，2023（08）：22-28+36.

[25]王莹.现代竞技体育体能训练的策略探讨[J].文体用品与科技，2022（10）：123-125.

[26]吴梦娇.现代训练发展趋势及体能训练方法手段概述[J].文体用品与科技，2022（15）：151-153.

[27]薛双园.现代体能训练发展趋势和应对措施[J].文体用品与科技，2021（11）：70-71.

[28]闫琪.为运动专项设计合理的体能测试方案[J].中国体育教练员，2022，30（4）：7.

[29]晏阳天.我国现代体能训练的现状、问题与发展路径[J].文体用品与科技，2021（11）：39-40.

[30]袁飞.竞技体育体能训练策略探赜[J].当代体育科技，2024，14（3）：14.

[31]张乘菲，吴海艳.虚拟现实技术在运动员体能训练中的重要性[J].文体用品与科技，2023（02）：185–187.

[32]张金华，廖桃玲.基于云计算与物联网技术对高校体育教育资源区域性整合与共享研究[J].文体用品与科技，2024（01）：178–180.

[33]张伟，李鸿辉，陈潜.现代体能训练发展趋势与对策[J].当代体育科技，2019，9（04）：47+49.

[34]张鑫，王明辉.中国人工智能发展态势及其促进策略[J].改革，2019（09）：31.

[35]赵琦.体能训练实用教程[M].南京：东南大学出版社，2019.

[36]赵盛涛，刘昊为.热身运动对人体的生理作用[J].福建质量管理，2017（5）：282.

[37]赵文艺.核心稳定性训练在青少年足球训练中的应用探究[J].拳击与格斗，2022（17）：34.

[38]朱兰芳，陈晓峰.物联网赋能智慧健身：价值、现实困境与优化路径[J].体育文化导刊，2022（08）：58.

[39]朱莉莉.力量素质训练理论研究[J].济源职业技术学院学报，2007，6（1）：75.

[40]庄诗棋.大数据时代体育城市发展路径研究[J].文体用品与科技，2023（24）：136–138.